Kleines Lexikon großer Ostprodukte

Zum Buch:

Die (N)Ostalgie-Welle schwappt durch Deutschland, und nicht nur durch die neuen Länder. Reinhard Ulbrich hat nun auch endlich all den klassischen Ostprodukten ihr verdientes Denkmal gesetzt. Von Alekto bis Ziphona finden Sie tiefgründige, witzige und auch wehmütige Beschreibungen der DDR-Konsumgüter, die niemals in Vergessenheit geraten sollten.

Zum Autor:

Reinhard Ulbrich, geboren 1953, ist ein echtes Ostprodukt. Er studierte außer Anglistik, Amerikanistik und Germanistik auch alle Konsumfilialen und Kaufhallen, die ihm in die Quere kamen. Lebt heute als freier Autor und »Verdienter Einkäufer des Volkes« in Berlin. Von ihm und Andreas Kämper ebenfalls erschienen im Econ Taschenbuch Verlag ist das Ostalgie-Kultbuch: »Sandmännchen im Trabi-Land«, TB 26443.

Zum Fotografen:

Andreas Kämper kam 1954 auf die Ostwelt. Früh qualifizierte er sich zum Schulfreund und Miteinkäufer von Reinhard Ulbrich. Heute lebt er als freier Fotograf in Berlin.

Reinhard Ulbrich

KLEINES LEXIKON GROSSER OSTPRODUKTE

Von Alekto bis Ziphona

Econ Taschenbuch Verlag

Veröffentlicht im Econ Taschenbuch Verlag
1998
Der Econ Taschenbuch Verlag
ist ein Unternehmen der Econ & List Verlagsgesellschaft,
Düsseldorf und München
Lizenzausgabe

Umschlagkonzept: Büro Meyer & Schmidt, München – Jorge Schmidt
Umschlagrealisation: Init GmbH, Bielefeld
Titelabbildung: AKG, Berlin
Bilder im Innenteil: Andreas Kämper
Satz und Lithos: Josephine Urban – KompetenzCenter, Düsseldorf
Druck und Bindearbeiten: Ebner Ulm
Printed in Germany
ISBN 3-612-26504-0

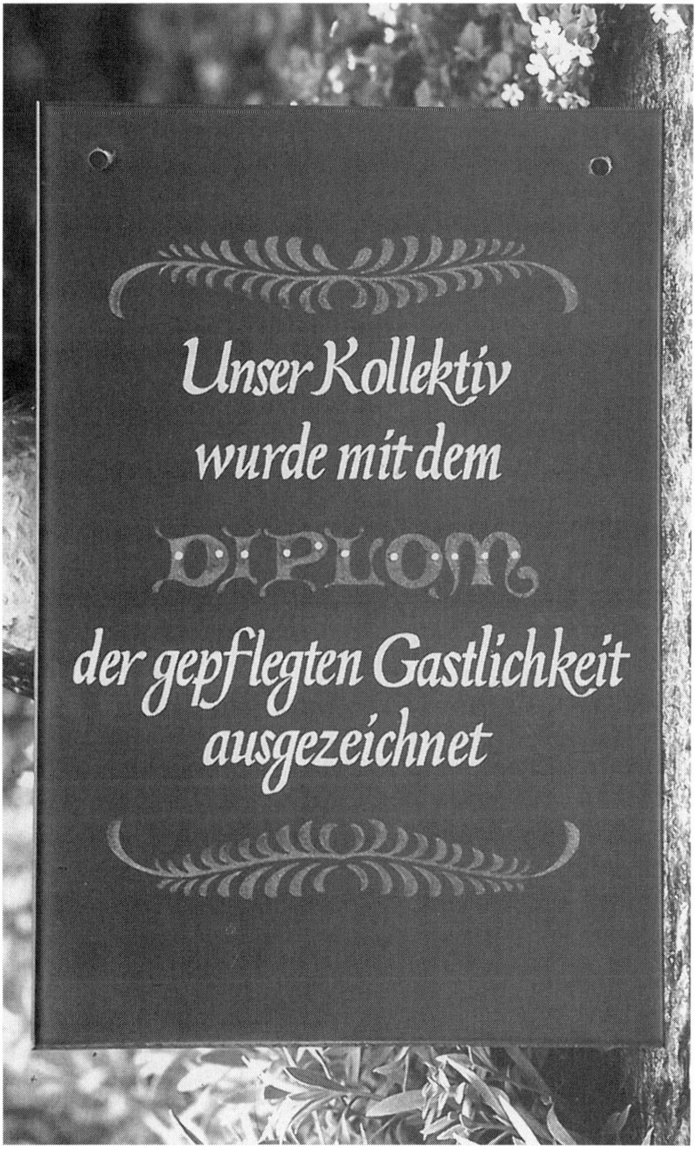
Unser Kollektiv
wurde mit dem
DIPLOM
der gepflegten Gastlichkeit
ausgezeichnet

Alekto-Besteck Ganz egal, ob der Ostmensch sein Mittagessen in der Konsum-Gaststätte oder in der Gefängnis-Kantine zu sich nahm – überall erwartete ihn dieses gefürchtete Spachtelwerkzeug. Es bestand aus Aluminium und war deshalb besonders leicht. Schnell nahm es auch unvorhergesehene Formen an: Besonders die Löffelstiele und die Gabelzinken zeichneten sich spätestens nach der dritten Benutzung durch allerlei wellenförmige Verbiegungen aus. Was ein gewisser Uri Geller in der Schweiz nur mühsam mit aufwendigen Reibetricks zuwege brachte, schaffte hier jedermann spielend. Die eigentliche Kunst bestand dagegen im Essen.

Amiga war nicht etwa die Freundin des Amigo (solche Affären kamen erst später), sondern der Name einer staatlichen DDR-Schallplattenfirma. Sie zeichnete für »Tanzmusik« verantwortlich und hatte deshalb flotte Weisen von Helga Brauer oder den Vier Brummers – man beachte den revolutionären Plural! – im Angebot. Mehr für die Wortkunst fühlte sich hingegen die Firma **Litera** zuständig, welcher als Dritter im Bunde noch **Eterna** und damit die Klassik zur Seite stand. Produkte der heiteren Muse kosteten stets 16,10 Mark pro LP, während die schweren Genres zum Ausgleich den leichteren Preis von 12,10 Mark abbekamen.
Unabhängig vom Kostenpunkt hatten jedoch alle Schallplatten ein gemeinsames Merkmal: Sie schallten zwar, aber sie waren niemals so richtig platt. Auch wenn man den warnenden Hinweis auf der Verpackung »Umgebungstemperaturen über +35°vermeiden« sorgfältig beachtet hatte, fuhr der Tonabnehmer darauf gern Berg- und Talbahn. Am Ende kamen dann Klänge heraus, die ganz wie das richtige Leben waren, nämlich ein unentwegtes Auf und Ab.

Ata Zugegeben, dieses Scheuerpulver kannten schon unsere Großeltern im voröstlichen Zeitalter. Aber bekanntlich war ja kein Ding unter der Sonne so perfekt, daß die größte DDR der Welt es nicht noch durch eine Verbesserung zu verschlechtern verstand. Hier traf es die Verpackung. Weil rigoros am wasserabweisenden Papier gespart wurde, saugte sich nicht nur die Schachtel in Windeseile voll, auch der Inhalt ballte sich feucht und fest zusammen. Die Anfangsphase dieses Leidens erkannte der wahre Scheuermann zunächst an der typischen Krümelbildung. Im fortgeschrittenen Stadium blieb dann nur ein einziger Ata-Großklumpen übrig, welcher mit heftigen Donner-

schlägen wieder pulverisiert werden mußte. Außen Putz und innen Schmutz, wie das Sprichwort schon sagt.

Atze So nannte sich das Zentralorgan für in die Jahre gekommene Kleinkinder. Es half bei der Überwindung größerer Kulturschocks, wie etwa der Einschulung, indem es nicht unbedingt gelesen werden wollte. Statt dessen gab es zum Beispiel die denkwürdige Comic-Serie »Fix und Fax« (im Zeitstil natürlich eine *Bildgeschichte*). Sie handelte von Mäusen, die zwar Pioniertücher trugen, aber trotzdem noch immer Schweizer Käse fraßen und panische Angst vor der Katze hatten. Da sieht man's: Früh übt sich, wer ein Sinnbild verstehen will.

AUBI bedeutete »Autofahrer-Bier«. Der Trank hatte Null Promille, aber dafür hundert Prozent Geschmack – nur leider nicht nach Gerstensaft. Er war vielmehr extrem sauer und besaß das erstaunliche Talent, diese Eigenschaft sofort auf jeden zu übertragen, der einmal davon gekostet hatte. Und das klappte nicht bloß immer öfter, sondern wirklich immer.

Badusan Schon lange vor Helga Feddersen konnten wir vermelden: Die Wanne ist voll. Und zwar mit Seifenblasen. Ihr Urheber Badusan wurde in Behältern verkauft, die Fischen, Fröschen oder irgendwelchen anderen Wassertieren nachgebildet waren. Auch wenn man deren Inhalt längst verbraucht hatte, flogen sie nie in den Müll, sondern wurden dazu verwendet, die Kinder spielerisch vom Haarewaschen abzulenken. (Da war Schaum in Deinen Augen – frei nach Frank Schöbel).

Ballenstedter Wurstkonserven Wenn der Fleischstand in der ☞ Kaufhalle mal wieder nur eine letzte Bockwurst und sonst gar nichts bereithielt, blieben die Büchslein aus Ballenstedt der letzte Retter in der Not. Sie kosteten bloß ein paar Pfennige und schmeckten ganz annehmbar, vorausgesetzt, man mußte nicht jeden Tag auf die Thüringer Rotwurst zurückgreifen, denn da waren Schweineborsten drin. Als weitere Besonderheit erinnert sich der Eingeweihte an den hohen Fettgehalt aller Sorten. Freilich stellte der kein wirkliches Problem dar, denn durch Anwendung eines weltweit einmaligen Geheimverfahrens lag das gesamte Fett immer als Extraschicht oben auf der Wurst und konnte so ganz nach Belieben untergemischt oder herausgekratzt und weggeworfen werden. Eine ganz unvergeßliche Rolle spielten die Konserven noch in der Nationalen Volksarmee. Dort gelangten sie als sogenannte **Komplekte** zum Einsatz, worunter man sich eine Notversorgung nach möglichem Volltreffer in der Küche vorzustellen hatte. Gott sei Dank kam der Treffer nie, aber Not herrschte trotzdem: Einmal im Monat mußten nämlich sämtliche Altvorräte an Büchsen beim gefürchteten

Komplekte-Tag aufgegessen werden. Von früh bis abends nur Konserven – das konnte auch starken Naturen den Namen Ballenstedt etwas verleiden. Dabei befindet sich der Ort im schönen Harz, was uns nun wirklich nicht Wurst ist.

Banner-Schuhe In der realsozialistischen Symbolik war der Fortschritt meist durch ein wehendes Banner vertreten. Schon von daher lag es nahe, ein Produkt, das ganz praktisch dem Fortschreiten diente, auch gleich so zu benennen. Übertrieben gut liefen sich die Treter allerdings nicht; das verhinderte schon die berüchtigte Banner-Sohle. Sie war aus einem Stück Plaste gegossen, dem leider jede sportliche Ambition fehlte. Sobald beim Gehen eine elastische Biegung erforderlich wurde, stellte sie sich erst recht steif – bis hin zum Durchbruch. Allerlei Staub und manches Pfützenwasser gelangte nach diesem Malheur an den Fuß des Trägers. Doch zum Ausgleich konnte er abends immer an seinen schmutzigen Zehen erkennen, wie weit er im Laufe des Tages doch wieder fortgeschritten war.

Bautzener Senf gehörte zu den großen Monopolisten im Regal, wenn man mal von sagenumwobenen Raritäten wie der Marke **Biedermann** absieht. Während der Frühphase ostdeutscher Mostrichkultur liebte man am Bautzener Fabrikat vor allem seinen Behälter: ein kleines gläsernes Henkeltöpfchen, das Affen oder Hirsche als Zierde trug. Der Zusammenhang zwischen diesen Wildtieren und dem Senf liegt freilich bis heute im dunkeln (Immerhin sind die Affen Allesfresser, vermeldet das Lexikon!). Wie auch immer, nach ein paar Jahren machten die Gläser einem weißen unscheinbaren Pastenapf Platz. Auf dessen Inhalt wies von da an ein rötliches Etikett hin, welches die unverwechselbare Eigenschaft hatte, bei der erstbesten Gelegenheit abzufallen. Es ist im Grunde ein Wunder, daß noch kein moderner Werbestratege einen ähnlichen Gag ersonnen hat, denn besser kann Reklame gar nicht funktionieren: Egal ob im Lieferkarton, auf dem Kaufhallenfußboden oder im ☞ Einkaufsbeutel – überall lagen Mostrich-Etiketten herum. Schade nur, daß die Werbung damals herzlich überflüssig war, weil ja kaum andere Produzenten ihren Senf dazugeben wollten. Das änderte sich bekanntlich mit der Wende: Sie bescherte dem Lausitzer Gewürz nicht nur jede Menge Konkurrenz, sondern auch eine merkwürdige Namensveränderung. Bautz'ner Senf heißt der Gute nunmehr, denn was die Krawattennadel für den aufstrebenden Außendienstmitarbeiter, ist der Apostroph für die Sprache der neuen Zeit. Stimmt's?

Bebo-Sher-Rasierapparate Weil auf dem Wege zu großen und größten Produktionserfolgen die kleinen Dinge des Alltags – auch Waren täglicher Bedarf (WtB) genannt – irgendwie zu kurz kamen, hatte das Politbüro wieder mal eine von seinen vielen tollen Ideen. Sie nannte sich **Konsumgüterproduktion** und verpflichtete die Betriebe dazu, wenigstens zu fünf Prozent auch solche Artikel herzustellen, die ein normaler Mensch brauchte. So beschäftigten sich denn plötzlich Werftarbeiter mit dem Zusammenschrauben von Gartenbänken oder Stahlwerker mit dem Zurechtfeilen von Kuchengabeln. Auch die Berliner Kraftwerksturbinenbauer mochten da nicht zurückstehen und sagten deshalb allen volkseigenen Vollbärten den Kampf an. Unter ausgeklügelter Verwendung ihres Betriebsnamens **Be**rgmann-**Bo**rsig brachten sie den Elektrorasierer Be-Bo-Sher heraus. Es war eine Art Rasenmäher – laut, schwer und ruppig. Dennoch konnte ein durchschnittlich trainierter Bizeps das Gerät nach einiger Übung bis ans Gesicht heben und den Stoppeln damit zu Leibe rücken. Die wuchsen damals nämlich noch ganz normal außen. Der Bart als **das Beste im Mann** hielt dagegen erst später Einzug, quasi als Fortsetzung der Konsumgüterproduktion mit westlichen Mitteln.

Blauer Würger Das klingt nach einem Mittelding aus Brechreiz und Meuchelmörder, womit auch gleich die Kühnheit beschrieben wäre, der es bedurfte, diesen Schnaps zu trinken. Neigte der Ostmensch bis Anno '89 im allgemeinen nicht zur öffentlichen Verwegenheit, so bot ihm dieses Gebräu doch reichlich Anlaß, wenigstens privat seinen Wagemut unter Beweis zu stellen. Eigentlich handelte es sich nur um einen schlichten Korn mit blauem Etikett, aber er fuselte derart entsetzlich, daß er in Windeseile berüchtigt wurde. Weil es ihn noch dazu fast immer und überall zu kaufen gab, behaupten Spötter zu Unrecht, die Fahne vom Blauen Würger sei die einzige gewesen, die wirklich DDR-weit wehte.

Blaulicht-Reihe Lange bevor im Fernsehen der **Staatsanwalt das Wort** hatte, ließ sich in diesem Heftchen schon nachlesen, daß die sozialistische Welt nicht so heil war, wie sie tat. Da wurde doch tatsächlich auch geklaut, gefälscht und betrogen! Gott sei Dank – oder nein – gesetzmäßigerweise siegte aber am Ende stets der Volkspolizist, der es gut mit uns meint. Das war vielleicht nicht glaubhaft, aber doch unterhaltsam. Außerdem dauerte der Kampf gegen das Übel meist nicht länger als eine Bahnfahrt, weshalb die Blaulicht-Hefte auch vorzugsweise auf Reisen erworben wurden. Später, als die Papiervorräte ab- und die Straftaten zunahmen, stellte man die Reihe ein. Doch wie so oft bei früh Verschiedenen, hatte dies eine unerwartete Wirkung, denn im gleichen Augenblick war eine Legende geboren. Sie nährt sich heute vor allem aus der Tatsache, daß die meisten Hefte durch ihren Säuregehalt inzwischen von selbst zerfallen sind.

Bode-Spitzen Diese Geheimwaffe zur Auflösung größerer Menschenansammlungen bestand aus einem etwa zwölf Zentimeter langen, bräunlichen Papierzylinder mit Plastermundstück. Angeblich sollte man das Ganze rauchen können, aber weil die Konstruktion im Innern neben Tabakresten vor allem feuchte Holzstrünke enthielt, kam es immer wieder zu unerwarteten Verpuffungen. Wenn es mal nicht puffte, qualmte und stank es immer noch entsetzlich, so daß dem versierten Zigarillo-Freund Grundkenntnisse des sozialistischen Brandschutzes auf jeden Fall hilfreich waren.

Bombastus-Mundwasser paßt hier bestens gleich hinter die ☞ Bode-Spitzen. Dank dieses Mittelchens konnte man nämlich den einen Mundgeruch prima durch einen anderen ersetzen. Am Ende stank man wahlweise nach Nikotin oder nach Chemiealkohol. Ob der alte Paracelsus dabei als Namensvetter Pate gestanden hat – er hieß ja in Wirklichkeit **Bombastus** von Hohenstein – weiß weder Ihr Arzt noch Ihr Apotheker.

Brockensplitter Eine heißbegehrte Süßigkeit in kleinen gelben Schächtelchen. Nur Ahnungslose hielten die dreieckigen Schokoladenstückchen für eine Ost-Variante der berühmten Schweizer Sorte **Tolerbone** (oder wie war die Bezeichnung?). Tatsächlich splitterte der Brocken aber im Gegensatz zu alpenländischen Bergen nicht mit Nüssen, sondern mit Krokant – eine echte Herausforderung für jeden Zahnarzt.

Bummi Jeder, der im Osten aufgewachsen ist, kennt die Geschichte: Wenn Mutter von der Kinderquengelei einmal gar zu sehr genervt wurde, kaufte sie kurzerhand den Bummi, und schon war für die nächste Stunde Ruhe. Die labbrige Zeitschrift mit dem unmöglichen Querformat und den bläßlichen Farben erfreute sich in den Anfangsjahren enormer Beliebtheit. Vielleicht lag es daran, daß in ihr immer die Guten siegten. Schon die Titelfigur, der Kuschelbär Brummi, war ein Muster an Wohlerzogenheit: Stets wusch er sich vor dem Essen die Tatzen, brav hielt er seinen Mittagsschlaf, und bei jeder Gelegenheit half er anderen. Wenn aber die Mächte der Finsternis frech ihr Haupt erhoben, wie der gefürchtete Teddy Schubser, so wies er sie in die Schranken, und alle konnten frohgemut das Heft zuklappen. Es hätte auch mit der Zeitschrift alles gut ausgehen können, wenn nicht die Guten immer besser geworden wären, bis man sie nicht mehr ertragen konnte. »Sonne, Regen, Hagel, Schnee – wann gehst du zur Volksarmee?« mußte man sich da plötzlich von Bummi fragen lassen, um sofort per Reim die Antwort zu bekommen: »Sonne, Regen, Hagel, Wind – wenn du groß bist, liebes Kind.« Damit hatte der Bär zwar nichts als die Wahrheit gesprochen, sich aber zugleich als lieber Gefährte disqualifiziert: Freunde drohen einem schließlich nicht.

Burger Knäckebrot schmeckte ein bißchen fade, also mußte es wirklich gesund sein. Bekanntlich gilt ja für alle großen Heilmittel die Regel: Je heftiger die Überwindung beim Einnehmen, desto wohltuender die Wirkung. Burger Knäcke (nicht zuletzt bekannt durch seine einprägsame Herkunftsangabe aus **Burg bei Magdeburg**) fand trotzdem viele Anhänger. Denn wer früher Diät halten mußte, hatte bis zum Erscheinen des waffelartigen **Filin-**

chens gar keine andere Wahl. Die Treue hält übrigens bis heute, und wenn man so will, schrieben das Knäckebrot und seine Konsumenten damit die typische Erfolgsstory eines Ostprodukts: In der Not zusammengeschweißt, wurden sie Freunde fürs Leben.

Citin Gern erinnern wir uns noch an die bauchige Flasche mit dem dynamisch gerundeten Anfangsbuchstaben *C*. Schien er doch mit seinem Schwung schon optisch den weiten Bogen der Anwendungsmöglichkeiten des Mittels zu unterstreichen. Vom Geschirrspülen übers Autowaschen bis hin zur Hautpflege war es eigentlich zu allem gut. Nur vor dem Gebrauch bei inneren Leiden bestand eine gewisse Hemmschwelle.

Club war die erste Zigarettensorte, deren Preis eine Schallmauer durchbrach. Vor ihrer Einführung galten nämlich 3,20 Mark als magische Höchstgrenze. Dann aber entdeckten die nimmermüden Wirtschaftsweisen des Ostens den »gehobenen Bedarf«, der sich vor allem in gehobenen Kosten äußerte. Das rauchende Publikum ließ sich jedoch keinen blauen Dunst vormachen. Die Club diente ihm meist bloß als Lückenbüßer für die ausverkauften 3,20-Mark-Sorten. Eine besonders exklusive Marke wurde sie nie. Damit hätte sie aber auch zum Osten gepaßt wie die Rolex zum ☞ Römerlatsch.

Club Cola Anfangs war es vor allem die schlanke Flasche mit den länglichen Rillen, die den Leuten auffiel. Ihren Inhalt meinte der Hersteller vorsichtshalber noch als »koffeinhaltige Limonade« definieren zu müssen. Aber unsere jungen Menschen waren ja allseitig gebildete Persönlichkeiten und brauchten solche Erklärungen gar nicht: Fortan lief bei ihnen keine Party mehr, ohne daß auch die Club

Cola in Strömen lief. Besonders die gemischten Varianten Cola mit Korn oder Cola-Wodka verhalfen ihr zu einer im Wortsinne umwerfenden Popularität. Und selbst als nach der Wende die einst von ferne angehimmelten West-Colas herübergespült wurden, tat dies der Liebe keinen Abbruch. Im Gegenteil: Die Club Cola sei nicht so unangenehm süß, lautete das einhellige Urteil östlicher Zungen. Da konnte auch der Westen nicht anders, und entdeckte die Club Cola plötzlich als schwer kultig. Und wir wollen da ausnahmsweise mal nicht widersprechen.

Dederon nannte sich die Ost-Variante des Perlons, oder ganz genau gesagt, die DDR-Variante, denn auch wo nicht DDR draufstand, war manchmal DDR drin, wie im Worte **D**e**D**e**R**on. Zeitgenössische Quellen wußten voller Stolz zu berichten, das Material sei »zug-, scheuer- und dauerbiegefest«. Deshalb kam es überall dort zum Einsatz, wo im sozialistischen Alltag gezogen, gescheuert und dauergebogen wurde. Große Berühmtheit erlangten auf diesem weiten Feld zum Beispiel die Dederon-Strümpfe. Bei Flammeneinwirkung sollten sie nur abschmelzen und sofort verlöschen, was für Transvestiten bei der Feuerwehr zweifellos beruhigend klang. Unter der restlichen Bevölkerung waren die Nahtlosen allerdings mehr wegen ihrer flotten Laufmaschen berüchtigt. Das galt wiederum gar nicht für ein anderes großes Ostprodukt – den Dederon-Kittel. Diesen graublauen Einheitsrock trugen die Frontmänner in der Autowerkstatt ebenso wie die Fernmeldemonteure der Deutschen Post oder die Verkäufer von Obst und Gemüse. Kurz, es handelte sich um eine Art Dienstleistungspanzer, an dem jeder Kundenwunsch abprallte, denn wie hieß es doch so schön: »sogar beständig gegen Alkalien, organ. Lösungsmittel und Witterungseinflüsse«.

Delikat oder einfach »Deli« genannt, war zwar kein richtiges Ostprodukt, aber trotzdem eine bedeutende Ost-Erfindung. Hier wurden für teures Geld all jene Lebensmittel verkauft, die nicht zum staatlich verordneten »Grundbedarf« gehörten. Und dazu zählten am Ende nahezu sämtliche Erzeugnisse außer Brot und Milch. Immer mit Blick auf die großen Zusammenhänge formulierte der Volksmund daher die historische Grundfrage: Wie heißt der Übergang vom Sozialismus zum Kommunismus? Delikatismus!

Delphin Obwohl im zoologischen Sinne nur ein Irrgast an deutschen Küsten, war diese besondere Spielart eines Wasserwesens unser täglicher Freund auf allen Seen und Flüssen. Ein Mittelding aus Schlauch- und Kajütboot, verdankte es seinen Namen der charakteristischen grauen Außenhaut. Und wenn die anderen noch so lange von knallroten Gummibooten sangen – wir fanden, Delphin bleibt doch Delphin.

Dessina-Kosmetik galt jahrelang nicht gerade als das Mondänste für die Dame von Welt. Erst als unsere größten Freunde aller Zeiten aus der friedliebenden Sowjetunion ihre Duftmarken in der DDR auch mit Parfüms zu setzen begannen, kippte der Trend, wie man heute sagen würde. Besser als der schwere »Russen-Diesel« rochen die eigenen Wässerchen und Seifen allemal. In mancher Freundschaft lernt man sich eben selbst erst richtig zu schätzen.

Diamant war zeitweilig fast ein Synonym für Fahrrad. Die volkstümlichen Drahtesel leisteten besonders dort gute Dienste, wo es an Möglichkeiten zur automobilen Fortbewegung gebrach – also im Grunde überall vom Kap Arkona bis zum Fichtelberg. Die Produzenten mußten wohl schon geahnt haben, welch vielfältige Einsatzbedingungen ihr Gefährt erwarteten, denn sie schmiedeten den Rahmen aus schwerstem Stahl. Dadurch konnten Kinder und Frauen ihr Rad zwar kaum mehr anheben, aber zum Trost für diesen Nachteil blieben sie bei der kühnen Fahrt durch Schlaglöcher vor Rahmenbrüchen bewahrt. Selbst wenn dabei Reifenschäden auftraten, pfiff der Schlauch deshalb noch lange nicht auf dem letzten Loch, denn der Experte wußte sich auch hier zu helfen. Flugs griff er zum Flicksatz »Vulko-Blitz«, der in keiner gutsortierten Satteltasche fehlte, und schon nach einer Stunde Trockenzeit konnte der verwegene Pedalritt weitergehen. Dank solcher Selbsthilfe war die Lebensdauer von Diamant-Rädern faktisch unbegrenzt, und nicht ohne Grund verfielen überseeische Schlagertexter auf die allbekannte Zeile **Diamonds are forever**.

DKK-Kühlschränke Weiß der Teufel, wie die Hersteller das früher immer geschafft haben: Sobald die Garantiezeit auf diesen Gerätetyp eine Woche abgelaufen war, sprang garantiert der Motor nicht mehr an. »Thermostat« lautete dann kurz und niederschmetternd die Diagnose des mühsam herbeigerufenen Monteurs. Anschließend waren hundert und ein paar Mark fällig (vorausgesetzt, er hatte überhaupt ein Ersatzteil dabei). Im Laufe eines Kühlschranklebens kamen auf jeden Fall locker vier bis fünf Thermostate zusammen und damit viele schöne Gelegenheiten, sich den Namen DKK Scharfenstein nachhaltig einzuprägen. Gewissermaßen als Wiedergutmachung für derlei erlittene Unbill brachte das sächsische Werk nach der Wende den ersten FCKW-freien Kühlschrank der Welt heraus. Was zum Anbruch ziemlich frostiger Zeiten führte, denn die Konkurrenz hielt massiv dagegen und faselte von Brandgefahr. Erst nach einer ganzen Weile versuchten sich dann Klauknecht, Schiebherr & Co. selbst an die Spitze der Öko-Bewegung zu mogeln, während bei DKK die Bilanzen einfroren. Wenn einem soviel Unrecht wird beschert, ist's den Versuch der Rettung wert, kann man da nur sagen.

Dreiklang-Pyjamas Was an diesem Kleidungsstück dreifach vorkommen oder gar klingen sollte, gehört zu den ungelösten Rätseln aus dem dunklen Reich der Nachttextilien. Vielmehr wußte jeder, daß die Zwei hier alles bestimmte, denn neben der überschaubaren Komposition des Ensembles nach dem beliebten System Jacke wie Hose kam es auch beim Muster zur immer wiederkehrenden Doppelung – nämlich ein Streifen / kein Streifen. Nicht der kleinste Kringel, kein Blümchen und kein Ornament wagten sich aufs grobe Baumwolltuch, ja sogar Querstreifen schienen irgendwie verpönt. So begegnete der Ostler seinen Mitmenschen selbst noch im Schlaf korrekt bekleidet als doppelter Stresemann. Manchmal allerdings schlief er auch nicht. Etwa dann, wenn die Dame des Hauses auf der Gebrauchsanweisung vom VEB Dreiklang gelesen hatte, daß der Hosenschlitz hier als »Eingriff« bezeichnet wurde. Da wage noch einer zu behaupten, der Osten sei prüde gewesen.

Duo Genaugenommen handelt es sich beim Duo um ein italienisches Musikstück für zwei Instrumente. Unser Duo war jedoch ein ganz und gar unmusikalischer Behindertenfahrstuhl für zwei Insassen. Angetrieben wurde das Gerät durch einen blakenden Mopedmotor, dessen Startmechanismus zugleich als praktische Krankengymnastik verstanden werden konnte. Man mußte nämlich mehrmals einen riesigen Hebel nach hinten reißen, bis die Maschine widerwillig zur kleinen Fahrt voraus ansetzte. Zum Lohn für diese Mühen winkte freilich bei schönem Wetter die Aussicht, das Klappverdeck öffnen zu können, wodurch das Vehikel zu einer Art Sozialhilfe-Cabrio mutierte. Was solchermaßen als bescheidene Belustigung im Osten begann, steigerte sich nach der Wende zur heißesten Leidenschaft des Westens. Nun siegt Simson-Suhl sogar gegen Porsche – aber daß die letzten irgendwann mal die ersten sein würden, haben wir ja schon immer gewußt.

Duosan Rapid Nur 50 Pfennige kostete dieser Wahnsinnsklebstoff, und dafür bekam der Käufer wirklich eine Menge geboten. Vollgekleisterte Finger zum Beispiel, weil die blau-silberne Tube unweigerlich an der Seite aufplatzte, sobald man sie ein bißchen knickte. Für Unterhaltung und Kurzweil sorgte hingegen der Verschluß: Entweder hatte man es mit einer Nadel zu tun, die oben in die Verpackung gebohrt wurde, wo sie dann den Kleister nicht mehr recht zurückhalten konnte, oder es gab einen kleinen weißen Schraubdeckel, welcher sich nach der ersten Arbeitspause nur mit Zange oder Zähnen wieder öffnen ließ. Großen Respekt verdienten auch die inneren Werte der Substanz. Hatten doch die Wolfener Chemiewerker hier keine Mühen gescheut, um möglichst viele Lösungsmittel auf einmal unterzubringen. Deren stechender Geruch erfüllte in Windeseile Werkstatt und Wohnzimmer, womit zugleich der Familie signalisiert wurde, Papa schreckt beim Heimwerken für seine Lieben nicht mal vor Tod und Teufel zurück. Falls es dennoch jemand wagte, Bedenken zu äußern, so konnte man ja immer noch auf den beruhigenden Namen des Stoffes verweisen. Duosan Rapid bedeutet schließlich »schnell doppelt geheilt«.

Eberswalder Würstchen Gerade noch ein wenig unterhalb der ☞ Delikat-Ebene fand dieses Erzeugnis einst reißenden Absatz. Sein Geschmack wurde allgemein gerühmt, und gelegentlich auffindbare kleine Knochensplitter lieferten den Leuten mitnichten einen Anlaß zur Beschwerde, sondern vielmehr den Beweis dafür, daß tatsächlich Zutaten aus dem Tierreich Verwendung fanden. Im übrigen war das Eberswalder Produkt in der wurstigen Welt der ☞ Kaufhalle etwas ähnlich Revolutionäres wie der schlauchlose Reifen beim Automobil, denn es kam ohne den sonst obligaten Kunstdarm daher und hielt dennoch. Auch die Zuneigung der Ostdeutschen zu dieser Wurstsorte hielt, trotz Wende und schlechter Listung in westlichen Supermarktketten. Bloß der dänische Investor hielt sein Versprechen nicht, die Fabrik ordentlich durch die rauhen Wasser der Marktwirtschaft zu steuern. Statt dessen legte er eine veritable Pleite hin, und in Eberswalde geht's nun endgültig um die Wurst.

Eg-Gü, das hört sich an, als ob ein Sachse versucht, die europäische Währungseinheit auszusprechen – dabei war es eine Schuhcreme. Nein, stimmt auch nicht. Eigentlich fühlte sich die Paste zu Höherem berufen und hieß deshalb »Edel-Schuh-Politur«. Hilfreicher als dieser dezente Hinweis auf die eigene Vornehmheit wäre allerdings die Erklärung des Kürzels Eg-Gü selbst gewesen. Wer hier auf eine unverbrüchliche Freundschaft der Städte Eggesin und Güstrow tippt, liegt nämlich daneben. Die feine Politur für adlige Treter stammte aus dem »BT Schuhpflegemittelfabrik Dresden«.

Einkaufsbeutel Was macht der Jäger und Sammler, wenn er kein Auto hat und trotzdem jederzeit in der Lage sein muß, unerwartet entdeckte Warenvorräte abzutransportieren? Na klar, er führt stets ausreichend Behältnisse bei sich, die weder die Taschen ausbeulen noch übermäßig schwer sind. Genau diese Anforderungen erfüllte für den Kunden des soz. Einzelhandels der Einkaufsbeutel. Auf ein bestimmtes Modell mußte sich dabei niemand festle-

gen: Es gab großflächig geblümte Spielarten oder Knautschlackvarianten und natürlich den Faltbeutel im kleinen Reißverschlußetui. Sogar heute im Westen mag mancher auf seinen Streifzügen durch die Objekte des kap. Einzelhandels nicht von diesen liebgewordenen Begleitern lassen. Und da nun auch noch die Umweltschützer in dasselbe Horn stoßen (Einwegtüten buh!), fragen wir bei dieser Gelegenheit: Wo bleibt der Artenschutz für den Beutelgermanen?

Erika muß wohl in der Phantasie des staatlichen Leiters der Einheitsname für tüchtige Sekretärinnen gewesen sein (Erich wäre ja auch schlecht gegangen). Und weil tüchtige Sekretärinnen immer tippen, taufte man den am weitesten verbreiteten Schreibmaschinentyp auch so. Richtig elegant wie eine Vorzimmerdame war diese Erika nun freilich nicht, eher eine Art Zerberus, der jeden Bittsteller verbellt. Mit ihrer klobigen Statur blockierte sie den halben Schreibtisch, und zum Arbeiten ließ sie sich auch nur bewegen, wenn man die Tastatur unter Einsatz aller Kraftreserven anschlug. Einmal in Gang gekommen, kündete sie dann aber durch maschinengewehrartiges Getöse von den Errungenschaften des mechanischen Schreibwesens. Weitere Maßnahmen gegen den Büroschlaf erübrigten sich.

ESDA So hieß jene Sorte Damenstrumpf, die nach dem ersten Einsatztag schon immer derart kaputt war, daß man sie eigentlich hätte wegwerfen müssen. Wie gesagt – eigentlich, denn im Osten warf man nichts achtlos weg. Auch die sterblichen Überreste der ESDA-Strümpfe konnten so auf ein zweites Leben hoffen. Das hauchte ihnen der einstmals blühende Wirtschaftszweig der Laufmaschendienste ein.

Eulenspiegel Frisör Kleinekorte, der einfältige Schüler Ottokar Domma und die Kino-Eule sorgten in dieser Zeitschrift für gemäßigte Satire in den Grenzen des Gesetzes. Trotzdem konnte sich hier auf den Leserbriefseiten auch zur DDR-Zeit mancher seinen Frust von der Seele mekkern, was nur deshalb funktionierte, weil alle wußten, es wird sich sowieso nichts ändern. Ein Abonnement des Eulenspiegel war reiner Goldstaub und wurde bei Todesfällen sogar weitervererbt. Nach der Wende entging die Zeitschrift haarscharf dem eigenen Todesfall; seitdem erscheint sie statt wöchentlich nur noch einmal im Monat. Daß die Grenzen des Gesetzes für Satire heutzutage weiter gesteckt sind, hat die Redaktion leider zu der irrigen Annahme verleitet, dies gelte auch für die Grenzen des guten Geschmacks.

EVP Dieses unscheinbare Kürzel fand sich ausnahmslos auf jedem Ostprodukt und bedeutete »Endverbraucherpreis«. Der EVP gehörte zu den beständigen Größen des Lebens wie die liebe Sonne. Ja er war sogar noch beständiger als sie, denn er ging nicht mal herauf und mal herunter, sondern blieb immer gleich. Eine ungeschriebene Regel in der DDR besagte nämlich, daß ein Artikel stets denselben Preis haben mußte und Erhöhungen unzulässig seien. Natürlich gab es trotzdem Verteuerungen: Dem Hersteller mußte nur eine neue Schachtel und ein neuer Name für seinen alten Ladenhüter einfallen, und schwups, schon gesellte sich dazu auch ein neuer, höherer EVP. Diese Naturerscheinung nannte sich damals Wertverbesserung und muß wohl ein Urahn der heutigen Mehrwertsteuer gewesen sein.

Exlepäng Das Haarwuchsmittel fiel zwar gegenüber vergleichbaren Kopfhautdüngern nicht durch bessere Ernteergebnisse auf, dafür aber durch sein Markenzeichen: Unübersehbar prangte auf dem Etikett **Die Dame mit der Glatze**. Und damit niemand auf die naheliegende Idee kam, ihre Barhäuptigkeit sei eine Folge des ätzenden Wässerchens, umrahmte noch ein aufklärender Satz das Konterfei. »Muß es erst so weit kommen?« hieß er, und nur ganz haarige Typen vermochten sich dieser bohrenden Botschaft zu entziehen.

F 6 Die schlechte Nachricht gleich vorneweg: Auch wir wissen nicht, was die Abkürzung bedeutet. Nur daß sie eine Zigarette bezeichnet, ist klar. Selbige gehört zu den wenigen überlebenden Produkten früherer Tage und das sicherlich mit Recht, denn es handelt sich bei ihr nicht um irgendeinen x-beliebigen Glimmstengel. Die F 6 war früher *das* Ostkraut schlechthin. Wenn »Semper« oder »Cabinet« längst über den Ladentisch gegangen waren, hielt sie treu die Wacht als letzte im Regal, und unsere Lungenflügel klatschten laut Beifall, weil sie doch noch zu ihren geliebten schädlichen Teeren und Harzen kamen. Daran hatte auch der geniale Filter seinen Anteil, denn dank schöpferischem Erfahrungsaustausch mit der volkseigenen Klosettpapierindustrie bestand er aus nichts weiter als einem Röllchen grober Zellulose. Das saugte sich blitzschnell voller Spucke, und weil danach kein Platz mehr für weitere Anwesende war, gab es für die Schwebstoffe des Rauchs eben kein Verweilen. Erst im Innern unseres Atmungsorgans fanden sie ihre verdiente Ruhe, und der alte fettig-feuchte Qualmgeschmack ist bis heute unvergessen. Moment mal, **f**ettig und **f**eucht, da hätten wir doch schon eine Deutung für das F. Weitere sachdienliche Hinweise auf die 6 nimmt jedes Lungensanatorium entgegen. (P.S. Wie aus gewöhnlich gut unterrichteten Kreisen verlautet, soll F 6 ganz simpel »Filterzigarette 6«

bedeuten. Zumindest als historischer Rekord klingt auch das recht glaubwürdig, denn sieben auf einen Streich schaffte nun wirklich keiner.)

Fibrex widmete sich, wie unschwer zu erraten, dem Kampf gegen fiebrige Erkrankungen des deutschen demokratischen Volkes (das Dehnungs-e konnte offenbar schon als geheilt entlassen werden). Egal, ob in Tabletten- oder Zäpfchenform – stets war das Mittel rezeptfrei, billig und noch dazu einigermaßen wirksam. Diese Kombination ist heutzutage auf dem Gesundheitsmarkt so selten, wie es früher der Kundendienst im ☞ Konsum war. Schon deshalb verdient die alte Fibrex unser ehrendes Gedenken.

Fit ist ein Begriff, der schon lange zum Sprachbestand des Ostdeutschen gehörte, bevor ihn die allgemeine Körperkultwelle als ihr Traumziel »durchtrainiert« neu entdeckte. Früher kannte man keine Folterkeller, wo man sich in Form hielt, man blieb durch den Abwasch mit Fit fit. Dieses Spülmittel fehlte an keinem Beckenrand, und ganze Generationen von kindlichen Küchenhelfern wußten um seine wunderbare Schaumbildung. Die lernte man zunächst ganz harmlos kennen, indem die Eltern listig mit Fitwasser und Strohhalm zum Seifenblasenspiel lockten. Woraus dann aber bald der Ernst des Lebens wurde: Stapel schmutzigen Geschirrs harrten der Reinigung, und die Fit-Flasche blieb unser einziger Freund in der Sklaverei. Vielleicht ist die herzliche Verbundenheit mit ihr deshalb so ausgeprägt, zumal bestimmte liebgewordene Kennzeichen an ihr noch immer zu finden sind: Nach wie vor bieten die seitlichen Riffeln Griffsicherheit bei Glitschgefahr, und auch das bekannte Relief-Etikett wird wie gewohnt von hauchzart angedeuteten Plaste-Schrauben gehalten. Modischen Schnickschnack wie den Dosierverschluß hat Fit gar nicht nötig. In bewährter Weise wird hier einfach die Flaschenspitze abgeschnitten, und der Benutzer entscheidet eigenverantwortlich über das rechte Maß. Ja, das ist wahre Freiheit, und es zeigt zugleich, daß auf bestimmte Dinge auch in den Stürmen unserer Zeit Verlaß ist. Zum Beispiel auf die Tatsache, daß Abwaschen selbst mit Fit noch immer keinen Spaß macht.

Flibol Laut einem großen Geistesblitz des ebenso Großen Vorsitzenden hielten den Sozialismus in seinem Lauf weder Ochs noch Esel auf. Über die bremsende Wirkung der Pferdebremse und anderer ideologisch ungefestigter Kleinlebewesen verlautete dagegen nichts. Vielleicht war das auch gar nicht nötig, denn es gab ja Flibol, den vielverwendeten Kampfstoff gegen Insekten. Er kam sowohl als Anti-Mücken-Einreibung vor wie auch als Mottenkugel. Die letztere bestand aus einer Art zusammengepreßtem

Zellstoff und fühlte sich daher an wie ein Papiertaschentuch, das man aus Versehen in der Hosentasche mitgewaschen hat. Noch beeindruckender als diese volkstümliche Eigenschaft war aber der Geruch: Seine durchdringende Muffigkeit täuschte jeder Motte vor, daß im Kleiderschrank bereits alles vermodert und folglich nichts mehr zu holen war. Der Trick funktionierte prima, und wir hätten unsere Jacken und Mäntel tatsächlich bis zum Sieg des Kommunismus bzw. zum Sankt-Nimmerleins-Tag tragen können. Wenn, ja wenn nur unsere Nasen über das nötige Bewußtsein verfügt und nicht immer signalisiert hätten, der Gestank sei unerträglich.

Florena-Creme Keine Frage, die meisten Ost-Elbier waren auch früher schon rechtschaffene Leute und hielten eine Menge aus. Aber selbst die ehrlichste Haut und das dickste Fell bedurften gelegentlich mal der Pflege. Dieser lohnenden Mission hatte sich die Florena-Creme verschrieben. Es war eine Aufgabe von epochalem Ausmaß, ging es doch hier nicht bloß um die Salbung des Nächsten, sondern um das Einschmieren ganzer Völker: Vom Säuglingsgesäß bis zur Greisenrunzel blieb der Creme nichts Menschliches fremd. Und selbst noch in den Nachbarländern, wo die Freuden des Sozialismus auf solidarisch verbundene Glättung durch Florena hoffen. Aber das ist der Creme-Glanz von gestern. Nunmehr im Westen haben die Leute noch ganz andere Freudenfalten entwickelt, und zumindest der Florena wird die Arbeit wohl nicht ausgehen.

Forelle »In einem Bächlein helle«, wie es das Lied besingt, schwamm dieser Fisch nie. Das verhinderte schon die volkseigene Industrie mit ihren Abwässern. Und wenn aus Versehen doch mal was sauber geblieben war, ließ diese, unsere besondere Forelle eben selbst ein paar Tröpfchen Öl fallen und sorgte so für den beliebten Farbfilm zum Freizeitvergnügen. Schließlich war sie nichts anderes als ein Bootsmotor, und was für einer! Erst wollte er partout nicht anspringen, dann aber, wenn man ihn doch irgendwie zum Laufen gebracht hatte, gab er seinen Unwillen durch lautes Knurren und deutliche Rauchzeichen kund. Die inneren Organe des Maschinchens wurden zudem regelmäßig von Verstopfung befallen, so daß sich mancher Seefahrer an ihnen auch als Notoperateur bewähren mußte. Wie es heißt, ist der Mensch auf See und vor Gericht mit dem lieben Gott allein. Wir aber wissen, wenn auf dem See die Forelle streikte, waren wir sogar vom lieben Gott verlassen.

Fripa-Schlösser Kenner der Materie behaupten, es sei wirkungsvoller gewesen, seine Wohnungstür einfach zuzuhalten, als sie mit diesem Schloßtyp auszustatten. Tatsächlich wirkte schon der Schlüssel so jämmerlich wie ein verunglücktes Probestück vom ersten Unterrichtstag in der Produktion. Doch auch die anderen Mitglieder des Ensembles erwiesen sich als würdige Verwandte dieser Mißgeburt. Der Zylinder des Schließmechanismus zum Beispiel war nicht nur verweichlicht, er stand auch so weit aus dem Türblatt hervor, daß man ihn fast mit zwei Fingern abdrehen konnte. Und selbst ohne rohe Gewalt ließ sich das Gebilde derart leicht knacken, daß an der Tür kaum Schaden entstand (was ja wiederum sein Gutes hatte). Insgesamt ist aber ein potentieller Einbrecher wahrscheinlich eher durch die Lachkrämpfe, die ihn beim Anblick des Ganzen befielen, an seinem Vorhaben gehindert worden, als durch das Schloß selbst. Und deshalb wollen wir die bekannte Fripa-Aufschrift »Orig. Pat.« hier ganz einfach als **originelles Patent** deuten.

Frösi »Fröhlich sein und singen, stolz das blaue Halstuch tragen« lautete die erste Zeile eines Liedes, in dem die Freuden des Pionierlebens gepriesen wurden. Das kürzte ein offenbar dadaistisch veranlagter Zeitschriftenmacher bis auf den knappen Rest Frö-Si zusammen, und fertig war der Titel einer Kinderzeitschrift, einer ziemlich beliebten zumal. Die Frösi wurde von ihren Adressaten mitunter sogar sehnsüchtig erwartet (was im Lande der ☞ ND-Geschädigten nun wirklich keine Selbstverständlichkeit war). Zum einen lag dies an den charismatischen Doppelfiguren der Frösi-Geschichten, denn wer erinnert sich nicht an Flora und Jolanthe, Rolli und Flitze oder Mäxchen Pfiffig und Tüte? Den eigentlichen Clou aber bildeten die praktischen Beigaben: Hier endlich bekam man die dringend benötigte Geheimtinte für den Hobbydetektiv geliefert, den Samen für die private Sonnenblume oder jenes vielbejubelte Kissen, das unterm Lehrerstuhl ein Geräusch der Darmblähung erzeugte. Kurzum, Frösi legte den Grundstein der polytechnischen Bildung, die dem Ostdeutschen in seiner Eigenschaft als Heimwerker und Selbsthelfer ein Leben lang von Nutzen sein sollte.

Fromm's Dieser althergebrachte Markenname für Kondome erfuhr eine merkwürdige Verselbständigung, denn umgangssprachlich wurde er zur Bezeichnung für das Produkt selbst. Nicht nur seine verblüffende Mehrzahlform *Frommse* verdient hier festgehalten zu werden, sondern auch die Übertragbarkeit auf offenkundig artverwandte Gegenstände: In der Nationalen Volksarmee etwa war der Fromms die Gasmaske. Nun ja, jeder schützt sich, wie er kann.

Frottana Ein Dauerbrenner im ostdeutschen Wäschemarkt! Frottana-Handtücher boten gegenüber den ähnlich aussehenden chinesischen Importen die Gewähr, daß ihre Frottee-Fädchen nicht schon nach der zweiten Wäsche ausfielen. Deshalb werden die guten Stücke vielerorts bis heute in Ehren gehalten. Man erkennt sie nur kaum noch, denn ihr Namenszug im Aufhänger hat sich längst ausgewaschen. Egal: Manch einer ist eben verblichen und doch nicht totzukriegen.

Gelber Köstlicher Mit so viel Stoßseufzern und Flüchen dürfte wohl keine zweite Apfelsorte bedacht worden sein wie diese. Aber es war auch eine unübertroffene Leistung, wie in der weltgrößten DDR unter der prahlerischen Bezeichnung OGS (Obst, Gemüse, Speisekartoffeln) das wohl kleinste Fruchtsortiment des Universums angeboten wurde. Während Chicorée und Kohl als außerordentliche und bevollmächtigte Botschafter der Gemüsebranche fungierten, berief man den Gelben Köstlichen als ständigen Vertreter in den Obstbereich. Man hatte ihn für diese verantwortungsvolle Aufgabe genauestens überprüft und alle bürgerlichen Relikte aus seiner Kaderakte getilgt. Ja, sogar seinen alten Namen Golden Delicious mußte er ablegen, denn sonst wäre womöglich noch jemand auf die Idee gekommen, daß im englischsprachigen Westen noch weitere, nie geschaute Verwandte dieser Sorte wuchsen. Doch trotz aller Mühe blieb die Mission des Gelben Köstlichen bis zum Schluß unerquicklich, denn die Leute verweigerten ihm einfach die gewünschte Anerkennung. Da vergaß er vor Gram jede diplomatische Etikette, wurde ganz schrumpelig und offenbarte so, was er in Wirklichkeit war: ein kleines bräunliches Ekel.

Gemol Mit diesem Genthiner Waschpulver aus der flachen grünen Schachtel konnte man die Ostwäsche auch ohne Zutun einer gewissen Clementine reinweichen, und das sogar bei niedrigen Temperaturen. Nur einen scharfen Fingernagel und etwas handwerkliches Geschick mußte man mitbringen, dann klappte die Übung »linke obere Seite eindrücken« schon im dritten Anlauf.

Goldfuchs In grauer Vorzeit gab es im Osten einmal ein Königreich, wo politisch nichts in die Hosen gehen sollte, und schon gar nicht, wenn es sich bei den Hosen um Jeans handelte. Nur leider waren die Herrschenden im Lande ebenso arm an Devisen wie auch an Geist. Für den Import von Fabrikaten aus dem fernen Amerika reichten die harten Dukatenvorräte des Hofes nicht, und so sehr sich die Höflinge auch den Kopf darüber zerbrachen, wie die leeren Kassen gefüllt werden könnten – am Ende lösten sich all ihre Versuche in Nichts auf wie die Levi's-Farbe in der Badewanne. Da war guter Rat teuer, denn König Erich der Erste wollte doch so furchtbar gerne den Thron besteigen und bei diesem Anlaß die Gunst seiner Untertanen mit einer Verteilung der beliebten Röhrenhosen erringen. Aber alle Getreuen der Tafelrunde zuckten auf Befragen nur verlegen die Schultern, und so blieb ihm nichts weiter übrig, als nach dem Schalk zu schicken, namens Golodkowski. Der kannte sich aus in der Welt und versprach, im Nachbarkönigreiche viele Taler zu borgen, auf daß die blaue Hose endlich unters Volk und der König zu seiner Krone käme. Gesagt, getan. Man schaffte die Jeans herbei, und König Erich hatte sogar einen spaßigen Einfall dazu, denn er begann seine Herrschaft mit dem Spruch, es gebe nun keine Tabus mehr. Doch der gemeine Pöbel hatte ihn offenbar falsch verstanden, denn er wollte nicht nur keine Tabus mehr, sondern statt dessen auch noch immer mehr Jeans. Das aber konnte auf Dauer nicht gutgehen, und dem König wäre vor Schreck beinahe das Herz in seine ☞ Präsent-20-Hose gerutscht, wenn er nicht im letzten Moment daran gedacht hätte, daß er so was gar nicht trug. Jedenfalls begann der ganz Hofstaat abermals verzweifelt nach einem Ausweg zu suchen, bis schließlich der Wirtschaftssekretarius – er hieß Frühstück oder so ähnlich – den rettenden Einfall hatte: Man mußte die Weber des Landes einfach eigene Jeans herstellen lassen, dann würden es die Leute schon zufrieden sein. Auch ein Name war schnell gefunden: Goldfuchs. »Einverstanden, E.H.«, jubelte König Erich, das war die Lösung. Seinem wackeren Wirtschaftssekretär Frühstück (oder hieß er Abendbrot?) fiel doch wirklich immer wieder was ein, und er verlieh ihm kurzerhand das Abzeichen für Gutes Wissen über den Goldfuchs. Draußen im Lande aber sausten alsbald die Schiffchen durch die Webstühle, so emsig und so lange, bis alle Kleiderhändler die Nase und die Hose voll hatten, denn Kunden fanden sich für das ausgelaugte Kleidungsstück kaum. Wie man weiß, fanden sich irgendwann auch kaum noch bereitwillige Untertanen für den ausgelaugten König Erich, sein Reich löste sich kurz nach dem Ende der Jungsteinzeit auf, und die Goldfuchs-Jeans gerieten in Vergessenheit. Doch der Mythos des Gestern ließ die kühnen Forscher unserer Tage nicht ruhen. Sie stießen bei ihren Ausgrabungen noch einmal auf größere Bestände des sagenumwobenen Beinkleids, welche die wechselnden Zeiten dank der ☞ Flibol-Mottenkugel außerordentlich gut überstanden hatten. Auf mancher Party sind die wiederentdeckten Goldfuchs-Jeans nun endlich der letzte Schrei, und unser Märchen für den ostdeutschen Hosenträger kommt damit zu seinem verdienten Happy-End.

Goldi 1) Gute Freunde haben oft Spitznamen, und der Goldbrand, alias Goldi, ist der beste Beweis dafür. An Cognac war in der DDR für den Normalverdiener nicht zu

ERZEUGNIS MIT WEINBRAND
Goldbrand
32 Vol%
VEB ANKER ROSTOCK

denken, auch Weinbrand ließ sich nur unter Zähneknirschen bezahlen, weshalb also lediglich der Rückgriff auf Flüssigkeiten blieb, die »weinbrandartig«, »weinbrandhaltig« oder ein »Erzeugnis mit Weinbrand« waren. Dieser Familie entsproß auch der Goldbrand. Trotz seiner etwas zweifelhaften Abstammung wurde er geliebt wie kein anderer, und das wird wohl daran gelegen haben, daß er so eine ehrliche Haut war: Mit Gold konnte er zwar nicht aufwarten, dafür entschädigte er aber den Konsumenten durch um so mehr Brand.

2) Auch das erste und einzige Hundefutter aus der Dose nannte sich Goldi. Ende der siebziger Jahre behauptete die Gerüchteküche hartnäckig, man habe in den Mülltonnen einiger neu eröffneter China-Restaurants leere Goldi-Büchsen gefunden. Und weil man aus der Geschichte gar nicht genug lernen kann, lautet unser Tip: Lassen Sie sich bei ihrem nächsten Restaurantbesuch vorsichtshalber die Mülltonne zur Kontrolle an den Tisch bringen.

Goldstumpen Eigentlich hätte jeder gewarnt sein müssen, denn schon im Duden kann man nachlesen, was ein Stumpen ist: **Baumstumpf** und **Filzhut** steht da. Vermutlich sind damit auch die wichtigsten Bestandteile einer Zigarrensorte aufgezählt.

Gotano Das Städtchen Gotha liegt im Vorland des Thüringer Waldes und hat nicht nur ein bedeutendes Herzogsgeschlecht hervorgebracht, sondern auch einen fast genauso aristokratischen Wermut, den Gotano. Früher gehörte er zur klassischen Bückware, das heißt, die Verkäuferin stellte ihn gar nicht erst in die Auslage, sondern er wurde an Vorzugskunden unterm Ladentisch verkauft, weshalb sie sich gelegentlich nach unten bücken mußte. Mit der Wende wandelte sich auch der Gotano vom elitären Edelmann zum guten Demokraten, und er steht nunmehr den breiten Massen des einkaufenden Volkes zur Verfügung.

Großrundstrick Na klar, wenn eine Bezeichnung Erinnerungen weckt, dann diese. Schließlich war schon unser Jugendweihe-Anzug ein Rundstrick-Modell, und als wir später heirateten, fungierte die merkwürdige Masche ebenfalls als eine Art textiler Trauzeuge. Großrundstrick-Material überstand schwere Rotwein-Überschwemmungen ohne Flecken und bot jedem Träger eine hervorragende Wärmedämmung, weil Plaste nicht atmet. Leider sah das Zeug immer so aus, als wenn Oma versucht hatte, mit ihren letzten Wollresten ein möglichst widerstandsfähiges Wams für den Enkel zu stricken. Dafür war aber der Wiedererkennungseffekt im befreundeten Bruderland von immensem Vorteil. Keine andere Nation steckte ihre Bürger in derart unmögliche Klamotten, also mußte es sich bei weiteren Rundstrick-Trägern automatisch um charakterstarke ostdeutsche Leidensgefährten handeln, die man um Abschlepphilfe oder Kopfschmerztabletten bitten konnte. Die Rundstrick-Konfektion ist inzwischen zwar aus dem Alltag verschwunden und hat damit zu einer erheblichen Aufwertung des Straßenbildes beigetragen, doch aufmerksame Beobachter können Einzelstücke noch bei Datschenbesitzern entdecken. Dort leisten sie nach wie vor gute Dienste als Schutzbekleidung beim Holzhacken.

Halberstädter Würstchen Mal ehrlich, hätten Sie gewußt, daß zwischen dem Kyffhäuser und dem Dosenwürstchen ein Zusammenhang besteht? Ist aber so. 1896 sollte es zur Einweihung des Kyffhäuser-Denkmals 40.000 Würstchen geben, bloß niemand wußte, wie man sie unverdorben auf den berühmten Berg schaffen sollte. Nur einer wagte sich an diese titanenhafte Aufgabe, Fleischermeister Friedrich Heine aus – na klar – Halberstadt. Er schweißte seine Würste in Büchsen ein, was bis dato noch keiner getan hatte, und siehe da, die Einweihungsfeier des Denkmals wurde auch gleich noch zur Geburtsstunde des ersten Dosenwürstchens – Weltniveau! Zu DDR-Zeiten verwechselten dann die Würstchen in der Partei- und Staatsführung den Halberstädter Heine-Platz mit Heinrich-Heine, aber die liebe Fleischfabrik produzierte trotzdem munter weiter. Auch nach der Privatisierung 1992 blieb das so, und falls die Halberstädter Würstchen damals verschwunden wären, hätte die empörte Kundschaft wahrscheinlich glatt den alten Barbarossa geweckt.

Halloren-Kugeln Wie es heißt, kannte man in der Saale-Stadt Halle traditionell drei verschiedene Arten von Einwohnern, nämlich Halloren, Hallenser und Halunken. Das größte Ansehen genossen natürlich nicht die Halunken, sondern als Halloren die Zunftangehörigen unter den Salzwerkern. Doch das Ansehen allein machte sie mit ihrem salzigen Job wohl auch nicht glücklich, deshalb gaben sie sich die Kugel, und zwar ganz standesgemäß die Halloren-Kugel. Sie ist ein zuckersüßes Ding mit weißem Innenleben und brauner Schokoladenhülle. In der DDR schwankte ihr Geschmack je nach verfügbaren Rohstoffen zwischen Kokosflocken und Kokosläufer. Mittlerweile kommen aber nur noch allerfeinste Zutaten zur Anwendung, weshalb die Praline auch schon mal berühmten Leuten aus Halle als Präsent überreicht werden kann. Ganz vorn unter ihnen rangiert übrigens ein langjähriger deutscher Außenminister, den man aber trotzdem nicht als bekannteste Halloren-Kugel bezeichnen darf.

Hansa-Keks Laut Definition ist der Keks ein »kleines, trokkenes Feingebäck«. Na bitte, da stimmte doch fast alles: Unser Hansa-Keks wurde trotz anderslautender Vermutungen nicht aus Lehm gebrannt, sondern gebacken, und außerdem war er klein. So richtig überlegen stellte er sich aber in punkto Trockenheit dar. Unvergeßlich blieb jedem Baby die erste Begegnung mit diesem Dörrbackwerk: Blauwürgende Hustenanfälle garantierten augenblicklich die Aufmerksamkeit der ganzen Familie. Auch der Opapa vermochte sein Glück kaum zu fassen, wenn ihm ein aufmunternder Schlag ins Kreuz endlich den Hansa-Krümel aus der Luftröhre gelöst hatte. Interessanterweise versagte bei diesem Keks sogar das ansonsten probate Mittel, ihn durch Eintunken im Kaffee zum Erweichen zu bringen, denn er quittierte solche Versuche nur mit prompter Selbstauflösung. Daher galt allgemein der praxisbewährte Merksatz: Lieber den staubigen Bruder in der Hand als den matschigen Teig in der Tasse.

Hansaplast gehörte zu den großen Heftpflastersorten der Menschheit. Und das ganz wörtlich, denn die erste Ausfertigung gab es noch lose vom laufenden Meter. Selbst Ganzkörperverletzungen konnten damit problemlos in einem Stück zugeklebt werden, womit sich Hansaplast als der rechte Wundverband für den Neuen Menschen erwies. Der hatte sich nämlich bei seinem Einsatz für die große Sache mehr als nur in den Finger geschnitten.

Henry-Bonbons kannte man in zwei Ausführungen: Der gleichnamige Drops als erste Spezies wurde beim Lutschen allmählich durchsichtig, und geschickte Leckermäuler schafften es sogar, ihn genau in der Mitte zu durchlöchern. Dadurch blieb am Ende nur ein bunter, süßer Henry-Ring übrig, der aber in Schülerkreisen als unschlagbarer Beweis für vielversprechende Zungenfertigkeit galt. Die andere Sorte nannte sich Henry-Milchbonbon, was nun wirklich raffiniert war, denn es klang nach gesunder Ernährung statt nach Karies. Der Milchbonbon wohnte in einer runden Pappschachtel, auf der man offenkundig Henry persönlich abgebildet hatte. Es handelte sich um einen Jungen, dessen weiß-gelblicher Haarschopf wohl als Spätfolge exzessiven Milchbonbonverzehrs angesehen werden mußte. Auch im Innern der Schachtel wurde es dem Interessenten nicht leicht gemacht. Die sechseckigen Bonbons hielten nämlich zusammen wie Pech und Schwefel, und wer nur einen von ihnen entnehmen wollte, bekam es automatisch mit der ganzen Sippe zu tun. Folgerichtig war das erste physikalische Problem, mit dem ein Ost-Kind aufwuchs, die berühmte Henry-Spaltung.

HO stand als Abkürzung für **Handelsorganisation**, wogegen der Kunde in der HO meist vor großen Rätseln stand. Welches Produkt würde der Handel wohl heute wieder wegorganisiert haben? fragte er sich und wurde nie enttäuscht. Wenn auf etwas unfehlbar Verlaß war, dann darauf, daß unbedingt etwas fehlte. Da aber in jeder ☞ Kaufhalle andere Waren durch Abwesenheit glänzten, kam es auf den ausgedehnten Rundreisen der Kundschaft zu manch herzlicher Begegnung mit einem unerwartet doch noch vorhandenen Erzeugnis. So gesehen war die HO ein wahrhaft revolutionäres Ostprodukt, denn sie hatte es geschafft, die werktätigen Massen tatsächlich zu mobilisieren.

Im Nu Normalerweise ist ja Malzkaffee so etwas wie ein Ersatz für Bohnenkaffee. Was aber Im Nu war, wird wohl als ungeklärtes Verbrechen an der Menschheit in die Geschichte eingehen. Fest steht nur, daß es nochmals ein

Ersatz für den Ersatzkaffee sein sollte. Wie auch immer – die alchimistische Droge lag jedenfalls in Pulverform vor und versprach, sich unter Zugabe von Wasser in Windeseile aufzulösen – daher auch der rasante Name. Im Nu bildeten sich aber bloß Klümpchen, die auf der Wasseroberfläche sogleich ihre Prüfung als Fahrtenschwimmer ablegten. Mit Erfolg, denn kein noch so geschickter Stoß eines Löffels vermochte sie zum Untertauchen zu bringen. Auch die Geschmackseigenschaften des körnigen Gebräus konnten überzeugen. Erinnerten sie doch an jenes berühmte Rezept, welches Frau Elster einst Herrn Fuchs als das Geheimnis ihres Hauskaffees verriet:

1) Eine einzelne Kaffeebohne mit Hilfe eines Fadens an einem Baum aufhängen.

2) Einen Eimer mit zehn Litern Wasser so unter den Baum stellen, daß der Schatten der Bohne zwei Stunden lang auf das Wasser fällt.

3) Von diesem Extrakt einen Teelöffel pro Kaffeekanne verwenden.

Immergut Manche Werbesprüche sind so doof, daß sie schon wieder genial sind. Aus dieser Kiste unvergänglicher Werte des Abendlandes stammt die Losung: »Immergut ist immer gut«, die das Etikett der gleichnamigen Sorte Kondensmilch zierte. Natürlich wurde die Immergut auch immer schlecht, wenn sie zu lange gestanden hatte, aber sie genoß trotzdem den Ruf, die beste aller möglichen Kaffeesahnen zu sein. Ihr konnte man nämlich sofort ansehen, ob sie frisch oder alt war, denn sie wurde in durchsichtigen Flaschen geliefert. Bei den anderen Kondensmilchfabrikaten sah man dagegen überhaupt nicht durch, weil sie in kleinen Blechbüchsen steckten. Deshalb hatte es sich allerorten eingebürgert, diese Büchsen zu schütteln und auf das dabei entstehende Geräusch zu achten. Hörte man gar nichts oder klang es dumpf, bedeutete dies, die Sahne ist sauer. Plätscherte es aber hell und leicht, so war alles in Ordnung. In der Nachwendezeit konnten die Ostdeutschen ihre solchermaßen über Jahre erworbenen Schüttel- und Lauschfähigkeiten bei der Suche nach Schlümpfen und Drolli-Dinos im Überraschungsei schöpferisch weiterentwickeln.

Intershop hatte ursprünglich nichts mit Ostprodukten zu tun, denn in dieser Ladenkette sollte es Westprodukte für Westgeld geben. Trotzdem stellten sich aber nach und nach auch diverse DDR-Erzeugnisse im Angebot ein. Vor allen Dingen jene, die knapp und begehrt waren, wie etwa der ☞ Trabant, so daß man sie für Devisen loszuschlagen versuchte. Und wenn nicht für Devisen, dann für die sogenannten **Forum-Schecks**. Das waren Einkaufsgutscheine, die im Tausch gegen harte Währung ausgegeben wurden, und über die der Normalverbraucher witzelte: Was sagt der Handwerksmeister, wenn man ihn zur Reparatur bestellt? Ganz einfach: Forum geht's denn?

Jenaer Glas Der Osten war früher oft im Tee, und das hatte nicht nur mit Hochprozentigem zu tun. Neben dem teuren Kaffee standen ja noch die Produkte der Marke »Teehaus« bereit. Die schmeckten zwar nicht besonders, kosteten aber auch nicht viel, womit sie beinahe jenen allgemeinen DDR-Symbolwert erreicht hätten, der da hieß: gebremster Spaß bei geringem Einsatz. Doch wie gesagt, nur beinahe, denn ein unerwarteter Glanz kam in die traute Teestunde, sobald das Getränk im Jenaer Glasservice aufgetischt wurde. Dessen hauchdünne Tassen und elegante Kannen waren der Stolz manches Haushalts, schließlich sollten sie dem Vernehmen nach sogar Design-Preise eingeheimst haben. Alles nur geklaut, behaupteten dagegen andere Stimmen, und zwar bei irgendwelchen Bauhaus-Klassikern der zwanziger Jahre, aber richtig genau wußte es keiner. Auch die Sache mit dem alten Firmennamen, der auf dem Boden aufgedruckt war, hatte etwas Mysteriöses: **Schott & Genossen** stand da (Genossen!), obwohl Glaserfinder Schott schon 1935 das Zeitliche gesegnet hatte. Und um die Sache vollends undurchsichtig zu machen, tobte hinter den Kulissen außerdem noch ein Namensstreit mit irgendwelchen Alteigentümern aus dem Westen. Aber weder diese Schotten noch die Genossen vermochten das Jenaer Glas auf Dauer zu trüben. Und wenn es Vater nicht aus Versehen mal beim Abtrocknen runterschmeißt, wird es wohl noch lange die Zierde des ostdeutschen Wohnzimmertischs sein.

Jubilar heißt normalerweise ein Mensch, der einen Festtag begeht und deshalb im Wortsinne Anlaß zum Jubeln hat. Jubilar hieß jedoch auch eine Zigarettenmarke, deren Genuß alles andere als ein Grund zum Jubeln war. Sie gehörte zu den filterlosen Sorten und zeichnete sich zudem durch eine ungewöhnlich lose Stopfung aus. Es war wirklich zum Auswachsen, denn schon auf dem Weg vom Einkauf bis nach Hause hatte sich mitunter die Hälfte des Tabaks aus den weißen Papierhülsen verabschiedet. Doch der besonnene Raucher sagte sich: Halt, mein Freund, wer wird denn gleich in die Luft gehen? Greife lieber auf den Schachtelboden und stecke die Tabakbrösel dorthin zurück, woher sie stammen; sonst bist du schon nach zwei Zügen mit einer Zigarette fertig! Letzteres hätte man nun ebenso als ausgebuffte Form der Gesundheitsfürsorge ansehen können, aber gesundrauchen wollte sich auch im Osten niemand. Deshalb lauerte die qualmende Gemeinde stets auf die eine Schachtel unter hundert, die nach inoffiziellen Schätzungen richtig gestopft war. Sie zu ergattern, hieß frohen Herzens genießen, ja mehr noch, zu jubilieren.

Jumo Dieses Wort erinnert immer ein bißchen an einen alten Tierparkelefanten, dem böse Buben das b vom Namensschild weggekratzt haben. Aber es war etwas ganz anderes, nämlich eine jener unvergeßlichen Abkürzungen, um die uns bekanntlich der gesamte Rest der Menschheit beneidete. Während andere schöne Beispiele wie NÖSPL (Neues ökonomisches System der Planung und Leitung), VPKA (Volkspolizeikreisamt) oder FZR (Freiwillige Zusatzrentenversicherung) noch an einer unschönen Vokalknappheit litten, hatte man bei Jumo endlich den gewissen frohgestimmten Wohlklang erreicht, der den jungen Menschen angemessen war. Denn nicht anderes als **Ju**gend**mo**de wurde hier bezeichnet. Zu dem genialen Begriff, welcher glatt der Feder eines verdienten Jugenddichters wie Hartmut König entflossen sein konnte, gesellte sich in der gleichnamigen Ladenkette ein Bekleidungsangebot, das ungefähr dem kleinsten gemeinsamen Modenenner von Egon Krenz und Egon Olsen entsprach. So tauchte etwa zehn Jahre nach ihrer Abschaffung im Westen unerwartet die Schlaghose im Jumo-Regal auf, und auch das großblumige Hemd wurde just zu dem Zeitpunkt gesichtet, als international Streifen angesagt waren. Wenn man es recht bedenkt, hätte diese Handelskette also konsequenterweise Jumomu heißen müssen: Jugendmodemuseum.

Junge Welt Angeblich war sie die meistgelesene Tageszeitung der DDR. Ihrer journalistischen Qualität dürfte sie diesen Zuspruch freilich kaum zu verdanken gehabt haben, eher den gelegentlichen Anflügen von Boulevardstil. Solche Pflanzen wuchsen im lichten Blätterwald des Ostens nämlich sonst nicht. Bezeichnenderweise kamen der alten FDJ-Postille nach der Wende schlagartig die Leser abhanden, als uns nunmehr **Frau mit Nerz** oder **Das Goldene Platt** nach dem Muster »Allein mit der Lederjacke gegen das Unrechtsregime« über das kämpferische Leben des Jugendfreunds Udo Linsenzwerg und anderer ins Bild setzten.

Juwel Wieder eine Zigarettensorte. Oder nein, sogar zwei. Der Kenner erinnert sich natürlich sofort an die fundamentale Unterscheidung zwischen **alter** und **neuer** Juwel, die sich zueinander etwa ähnlich verhielten wie das Alte Testament zum ☞ Neuen Deutschland. Beide aus Papier, aber dann hört's auch schon auf mit den Gemeinsamkeiten. Die alte Juwel war so ein Knubbelchen für zwofünfzich die Schachtel. In der Länge konnte sie es zwar mit den Großen der Drei-Mark-Zwanzig-Kategorie nicht aufnehmen, aber zu einem kleinen Filter hatte sie es immerhin auch schon gebracht. Damit lag sie vor den gänzlich filterlosen Glimmstengeln und bildete gewissermaßen den Mittelstand des ostdeutschen Räucherwesens mit dem Image »arm aber trotzdem schädlich«. Die neue Juwel trat dagegen als Import auf den Plan der gleichnamigen Wirtschaft. In ihr steckten tabakähnliche Kräuter, die an Bahndämmen befreundeter Balkanstaaten herangereift waren. Da sie von Anfang an im Rufe gänzlicher Ungenießbarkeit standen, führte die neue Juwel am Kiosk nur ein Schattendasein. Mit uns zog die neue Zeit, aber wir zogen weiter an der alten Juwel.

Kaffee-Mix Genossen, Kollegen und Freunde! Schon zwei Jahrzehnte liegt nun jenes denkwürdige Ereignis zurück, mit dem sich unsere Täusche Kratzsche Replik um ein

Haar unter die weltweit führenden Mixnationen gemischt hätte. Deshalb erinnern wir hier noch einmal an jene bewegten siebziger Jahre, als die wachsamen Horcher- und Forcherkollektive unseres Landes herausfanden, daß sich die Klassenauseinandersetzung ausgerechnet auf dem Feld des Kaffeetrinkens dramatisch zuspitzte. Tausendtonnenweise rann das Getränk damals durch die Kehlen unserer Werktätigen, obwohl doch bereits ein Klassiker wie der Genosse Johann Sebastian Bach in seinem berühmten Kaffeeplenum festgestellt hatte: Nicht für Kinder ist der Türkentrank, schwächt die Nerven macht dich blaß und krank! Und was unseren Kindern billig ist, so lehrt schon die Geschichte des Gameboys, kommt die Erwachsenen besonders teuer zu stehen. So konnte es also nicht weitergehen, zumal sich die Leute nicht die Bohne darum scherten, woher die Bohne kommen sollte. (Ein Versuch des Kaffeebaus in der klimatisierten Wandlitzer Schwimmhalle war leider nicht von dem erhofften Erfolg gekrönt gewesen.) Genosse Mielke hatte daher in seiner ihm eigenen praktischen Art vorgeschlagen, einfach blaue Bohnen einzusetzen, aber es gab doch gewisse Bedenken, daß sich selbige politisch als unverdaulich erweisen würden. In unermüdlichem Ringen um immer bessere Lösungen zum Wohle des Volkes befand die kollektive Weisheit der Parteiführung schließlich, daß die bestehenden Kaffeevorräte gestreckt werden müßten. Als Auffüllmittel standen mit der Lausitzer Braunkohle und dem märkischen Streusand gleich zwei hochwertige Rohstoffe zur Auswahl. Der erstgenannte erwies sich jedoch als ungeeignet, weil sich die Brocken trotz angestrengter ideologischer Überzeugungsarbeit nicht im Wasser auflösen wollten. Auch der Sand, liebe Freunde, tat nicht dergleichen, aber er paßte besser in die Kaffeetasse; deshalb fiel die Wahl mit 99,9prozentiger Zustimmung auf ihn. Blieb nur noch das Problem des Namens, aber unter der nimmermüden Anleitung unserer besten Werbetexter wie Karl-Eduard von Schnitzler konnte auch diese Aufgabe glänzend gelöst werden: **Kaffee-Mix** klingt noch heute so herzerfrischend ostdeutsch wie **Engpaß** oder **Kein Rundgang ohne Korb**. Natürlich sind wir uns auch der kritischen Stimmen bewußt, die da seinerzeit einwandten, man könne dieses neue Produkt überhaupt nicht trinken. Doch wer die Zukunft gewinnen will, liebe Genossen, der zieht in der Gegenwart eben auch manche Niete. Deshalb rufen wir euch zu: Ziehen wir die richtigen Lehren aus dem Gestern! Lassen wir uns in unserer historischen Mission nicht verunsichern! Noch harren andere große Mixturen ihrer Entdeckung, zum Beispiel der Luft-Mix (jeder bekommt einen Zweitwagen und atmet dafür nur noch halbtags). Nicht umsonst schrieb schließlich unser parteiloser Bündnisgenosse Goethe schon vor 2000 Jahren »auf die Mischung kommt es an«.

Kahla-Geschirr Statistisch gesehen entfallen wahrscheinlich auf jeden der gut 9000 Einwohner des Städtchens Kahla in Thüringen auch 9000 Geschirrstücke, die am Orte hergestellt wurden. Vielleicht sogar noch mehr, auf jeden Fall war das Porzellankombinat hier jahrzehntelang der größte Arbeitgeber. Und nicht nur die Exporte ins alte Wessi-Land zeugten davon, daß die Qualität sich sehen lassen konnte. Im Osten hat man sowieso noch alle Tassen im Schrank. Aus Kahla, versteht sich.

Karo – das war einst die Sorte ohne viel Worte: Wer Karo rauchte, präsentierte sich seinen Zeitgenossen gegenüber als unorthodox und verwegen. Einfach qualmen konnte jeder, aber die irrsinnigen Abgase dieser tragbaren Chemiefabrik hielten nur echte Helden aus. Sie fanden sich vor allem in bestimmten Kreisen der Kultur- und Geistesschaffenden, die ihren Ehrgeiz daransetzten, nicht nur kariert zu reden, sondern auch entsprechend zu inhalieren. Langjährige Karo-Fans erkannten sich übrigens untereinander schon mit Hilfe der Nase: Von der Jacke bis zur Socke verströmten sie einen beißend-fauligen Geruch, der sie gegenseitig magisch anzog. Nur Außenstehende tendierten dabei zu leichtem Brechreiz, aber das war egal. Auch im Pflanzenreich riecht ja nicht jede Blüte angenehm, und trotzdem fliegen die lieben Bienchen drauf.

Kathi Wer sich heute die Kathi-Leckereien aus der reprivatisierten Herstellung schmecken läßt, ahnt kaum noch, welches Gesellschaftsspiel zu Ost-Zeiten unter diesem Namen über die Bühne ging. Die Backmischungen funktionierten ja noch ganz normal, aber das Kloßmehl! Egal, ob die Kochzeit genau eingehalten, verlängert oder verkürzt wurde, ob die Rohmasse noch zusätzliche Knetung erfuhr oder ein Stoßgebet die Zubereitung begleitete – das Ergebnis blieb immer dasselbe. Ein Topf voller kugelrunder Gebilde mit betonhartem Kern und glasiger Außenhülle kam auf den Tisch. Man hätte sie vielleicht im Astronomieunterricht als Planetenmodell verwenden oder per NVA-Granatwerfer hinter die Linien des Klassenfeindes verschießen können oder natürlich auch essen, nur immer vorausgesetzt, sie wären irgendwie zu fassen gewesen. Dank ihrer glitschigen Ummantelung entzogen sie sich jedoch erfolgreich jedem Zugriff. Mit Messer und Gabel war ihnen kaum beizukommen, und wenn es dennoch gelang, sie unter Zuhilfenahme anderer Werkzeuge auf den Teller zu befördern, so schlitterten sie oft genug gleich weiter über den Rand hinaus, bis aufs Tischtuch Marke »Damino Blütenweiß« vom VEB Wäscheunion.

Kathi
400 g
neues Füllgewicht
M 1,23
Tortenmehl

Damit hätte **Haltet den Kloß** wirklich das Zeug zur Familienunterhaltung neuen Typus gehabt. Aber weder das Professorenkollegium noch Familie Findig wollten sich für eine Förderung dieses großartigen Projekts einsetzen, und so mußte die Kathi-Kugel doch bleiben, was sie immer war, nämlich ein alter Trauerkloß.

Kaufhalle Wenn von Ostprodukten die Rede ist, so darf selbstverständlich ein Wort über deren altes Hauptquartier nicht fehlen. Und dies erst recht, weil sich viele Einkäufer in Neufünfland bis heute weigern, vom **Supermarkt** zu sprechen, sondern eisern weiter darauf beharren, daß sie in die **Kaufhalle** gehen, auch wenn die inzwischen Waldi oder Drängelmann heißt. Also, erinnern wir uns: Eine Kaufhalle war genau dasselbe wie ein Supermarkt, nur etwas ganz anderes. Man ging schon mit vollen Taschen hin, weil vor der Tür zunächst alte Plasteflaschen und -verpackungen in Netzcontainer geworfen werden wollten. (Nur am Rande sei bei dieser Gelegenheit erwähnt, daß der Ostmensch als an sich pfiffiger Sammler bis zum Schluß nicht gelernt hatte, die Eierkartons getrennt einzuwerfen. Daran werden Völkerkundler später wohl noch schwer zu forschen haben.) Um die **Sekundärrohstoffe** erleichtert, erklomm man sodann eine Treppe und riß mit beiden Händen die schwergängige äußere Windfangtür auf. Eventueller Gegenverkehr mit vollgepacktem Wagen hatte grundsätzlich Vorfahrt, weil man so gleich sehen konnte, was es drinnen gab. Anhand dieses ersten Eindrucks wurde entschieden, ob man sich nach dem Passieren der inneren Windfangtür nur einen Korb griff oder doch lieber auch einen Kaufhallenwagen. Falls die Wahl auf letzteren fiel, so war er erheblich kleiner als die heutigen Schlachtschiffe, weil es weniger zu kaufen gab, und angeschlossen war er auch nicht, weil die

Errungenschaft, Obdachlosenhaushalte damit zu transportieren, erst noch ihrer Einführung harrte. Begleitet von lautem Rasseln ging es nunmehr über den Terrazzofußboden zum **Leergutschalter**, wo die Pfandflaschen abgegeben wurden (Wenn nicht besetzt, Klingel drücken!). Damit war die Pflicht absolviert, und die Kür konnte beginnen. Als erstes verdienten alle herumstehenden Kartons unsere Aufmerksamkeit. Denn, so die Erfahrung des gewieften Konsumenten, wenn der Handel doch einmal so viel begehrte Waren angeliefert hatte, daß sie sich beim besten Willen nicht mehr komplett an alle guten Freunde des Kaufhallenpersonals verschieben ließen, stellten die Verkäuferinnen einfach die Kisten hin. Das Auspacken übernahm dann ohnehin die Kundschaft. Manche Flasche **Murfatlar** oder **Cotnari** wurde so ans Tageslicht gezogen, und selbst wer den süßen Kleister nicht trank, nahm ihn mit, denn vielleicht konnte man ihn noch irgendwie tauschen. Manchmal hingen auch Schilder an der Ware: **Maximalabgabe 2 Stück pro Kunde.**

VERKAUFSSTELLE
DER
VORBILDLICHEN
VERKAUFSKULTUR

Kein Problem – ein kurzer Blick genügte, und langjährig vermählte Eheleute kannten sich plötzlich nicht mehr, weil sie auf diese Weise als Einzelkäufer mit doppeltem Artikelanspruch auftreten konnten, immer gemäß der Devise: getrennt marschieren und vereint zuschlagen. Nach erfolgreichem Absolvieren dieses Reaktionstests folgte als nächstes Etappenziel der Fleischstand. Schnitzel, Rouladen, Kaßler oder gar Schinken im Angebot? lautete dort die Grundfrage der Epoche. Konnte sie wider Erwarten bejaht werden, mußte man nur noch herausfinden, ob es zwei verschiedene Schlangen für Fleisch und Wurst gab (mehrere Familienmitglieder stellen sich gleichzeitig an) oder nur eine einzige für beide Abteilungen (etwa ein Jahr Wartezeit). In beiden Fällen ging die gute Ware gewöhnlich aus, bevor man selbst dran war, aber gesehen hatte man sie immerhin noch. Also schnell weiter zum Brotregal, und nur keine falsche Scham! Mit beherztem Fingerdruck galt es festzustellen, wie alt die vorhandenen Bestände waren. Blieb eine Delle im Brotlaib, mußte er noch frisch sein und konnte folglich reinen Gewissens mitgenommen werden (Einschlagpapier meist alle). Zeigte er sich dagegen fest, so war er steinalt; außerdem hatten ihn wahrscheinlich schon drei Dutzend Vorgänger probeweise durchgeknetet. Anschließend weiter zu den Molkereiprodukten: H-Milch und Gummijoghurt waren schon weg wie immer, aber in einem der blauen Sechseckbehälter schwamm noch lose Milch. Aha, besagte die Erfahrung, hier lohnt ein Tauchversuch. Und richtig, die Hand war zwar völlig naß, aber sie zog noch eine letzte intakte Wabbeltüte an Land. Glück gehabt. Beim Bier wiederum war das Auge des Fachmanns gefordert. Weil Mitte der achtziger Jahre einmal wochenlang undefinierbare Flocken und ekelerregende Festkörper mitabgefüllt worden waren, hielt der wachsame Kaufhallenbesucher fortan jede einzelne Flasche gegen das Licht, um sich zu vergewissern, daß ihr Inhalt auch klar aussah. Eine zweite wichtige Regel dieser Abteilung lautete, braun geht vor grün. Was sich nicht politisch verstand. Vielmehr war damit die Farbe des Flaschenglases gemeint, denn aus einem nie geklärten Grunde herrschte der tief verwurzelte Volksglaube, Bier verderbe in grünen Flaschen schneller. Da konnten die Brauereien noch so lange argumentieren, daß man im Ausland sogar grünes Glas bevorzuge. In einmütiger Geschlossenheit legten die Werktätigen ihr Bekenntnis zur braunen Farbe ab, so daß zum Schluß tatsächlich nur noch einfarbig ausgeliefert wurde. Ja, das war die Macht der sozialistischen Demokratie, aber wir schweifen ab.

Zurück also zum Zieleinlauf, zur Kaufhallenkasse. Die erste Frage hieß dort: Hatten wir »nur bis zu 5 Artikel«? Wir hatten, also durften wir unsere Schritte frohen Mutes zur Schnellkasse ganz links lenken. Doch wie groß war unsere Enttäuschung, als sich vor uns in der Schlange prompt jener berüchtigte Zeitgenosse fand, der zwar auch nur fünf Artikel in der Karre hatte, dafür aber von jedem Artikel zehn Stück. Neumodischen Zierrat wie Transportbänder oder Preisscanner kannte die Kaufhalle natürlich nicht, weshalb die Kassiererin jedes Produkt einzeln per Handarbeit einzutippen gezwungen war. Zudem ging ungefähr nach jedem dritten Kunden die Rechnungsrolle zu Ende, was wiederum eine polytechnisch hochinteressante Teilzerlegung der Kasse erforderlich machte. Wer das Innenleben der Apparatur nicht näher kennenlernen wollte, hatte währenddessen Gelegenheit, sich vor dem Nachhauseweg noch einmal an der unverwechselbaren Atmosphäre der Kaufhalle zu erfreuen, an den wunderbaren Regalbrettern etwa, die selbst dann durchhingen, wenn sie gar nichts zu tragen hatten. Oder an den lustigen Leuchtstoffröhren unter der Decke, die nur zwei Betriebszustände kannten – Flackern oder Brummen. Und schließlich nicht zu vergessen an dem grandiosen Geruch nach leicht vergammeltem Kohl, der alles einhüllte. Doch auch der schönste Traum mußte einmal zu Ende gehen, und so wurde man irgendwann in die Wirklichkeit zurückgeholt und an der Kasse vorbeigeschoben. Schon wollte man seine neu erworbenen Schätze ins Einkaufsnetz stopfen und nach draußen stürmen, da fiel der Blick noch eben auf eine jener bräunlichen Papiertüten, die manchmal im Unterfach des Packtischs herumlagen. Ihre Aufschrift sprach uns so recht aus dem Herzen, denn da stand: Gut gekauft – gern gekauft.

KIM-Eier Das Ei als solches ist harmlos. Vorausgesetzt, man wirft es nicht gerade nach dem Kanzler. Auch das Ost-Ei führte ein ganz friedliches Leben, bis es eines Tages jäh ins Rampenlicht der volkseigenen Wirtschaft gerissen wurde. Im Laden fehlte nämlich wieder mal unentschuldigt das Fleisch, und deshalb mußte ein Ersatz her. Natürlich weilte die Banane wie immer im Westen, und den Aal rückten die Rügener Räuchermännchen auch nicht raus. Nur das Ei rollte gerade in der Nähe herum, also wurde es einfach zum Dienst am Gemeinwesen zwangsverpflichtet. »Nimm ein Ei mehr«, prangte bald darauf die Losung an jeder Wand. Vom Cholesterin und ähnlichen Auswüchsen westlicher Dekadenz ließ sich der fortschrittliche Mensch damals noch nicht beeindrucken, daher griff er gehorsam zu. (Außerdem: Wer keine Wahl hat, hat erst recht die Qual.) Doch ach, wie staunten die Ökonomen, als plötzlich nun auch das Ei knapp zu werden drohte. Nur die Großproduktion konnte da noch Abhilfe schaffen, und so schlug die Geburtsstunde des **Kombinats Industrielle Mast**, kurz KIM. Mit seinen engen Legebatterien war es zwar nicht gerade die schöne neue Hühnerwelt, aber ausreichend Eier wurden wenigstens produziert. Und nicht nur das: Auch ein wahrhaft medaillenverdächtiger Liebling des Ost-Elbiers erblickte dort das Licht der Neonfunzel, denn KIM erhob den gemeinen Broiler endlich zum **Gold**broiler.

KiNa Was ihn auf der Welt erwartet, merkt der Mensch zum ersten Mal nachhaltig, wenn er als Kind von Flüssig- auf Festnahrung umgestellt wird. In der DDR mußte es wohl vor allem Kartoffelkleister mit Gemüsepamps sein, denn danach schmeckte die Kindernahrung KiNa. Nicht wenige Mitmenschen verarbeiteten diese traumatische Erfahrung dadurch, daß sie sich als Erwachsene schnellstens wieder von fester auf flüssige Nahrung umstellten.

Kittelschürze Jeder Volksstamm hat bekanntlich seine ihm eigenen Rituale und Trachten. Was der Bayerin das Jodeln und der Trachtenjanker, sind der ostdeutschen Frau ihre Amalgamplombe und die Kittelschürze. So haben es jedenfalls die Völkerkundler des Westens herausgefunden, und wer denen eventuell zu widersprechen wagt, kriegt's gleich dicke heimgezahlt. Wird er doch sofort daraufhin untersucht, ob er eventuell ein Cordhütchen trägt (ganz klassisch ostdeutscher Typ LPG-Vorsitzender). Vielleicht zieht er sich auch beim Autowaschen einen braunen NVA-Trainingsanzug an, dann handelt es sich zweifellos um einen Ostalgiker (Achtung Gefahr! Eventuell eine Altlast). Aber was immer sie sonst noch an uns feststellen oder bestaunen – wir sind froh, wenigstens durch unser urwüchsiges Brauchtum einen schönen Farbtupfer in die bundesdeutsche Folklore eingebracht zu haben.

Klapp-Fix Der Urlaub nahte, und die Familie war in Hochstimmung, denn durch glückliche Umstände hatte sie im Verteilungslotto einen der begehrten Zeltplätze an der Ostsee ergattert. Wie im Fluge verging die Fahrt – unendlich groß war das Land ja auch nicht –, und schon rollte man mit dem Klapp-Fix an den Strand. So hieß der Campinganhänger, den man durch Hochstellen seiner inneren Organe in ein Mittelding aus Wohnwagen und Zelt verwandeln konnte. Oben unter der Leinwand blieb es stets angenehm luftig und unten immer schön trocken. Aufpassen mußte man nur, daß niemand aus dem Kreis der Lieben auf die Idee kam, nach Einbruch der Dunkelheit noch einmal im Meer baden zu gehen. Dann sprangen nämlich sofort gewisse staatliche Organe aus dem Busch und nahmen den Schwimmer mit. Dabei zeigten sie ihren eigenen »Klapp-Fix« vor, und das war beileibe kein gemütlicher Zeltanhänger, sondern ein sehr ungemütlicher Stasi-Ausweis. Er wurde im Volksmund Klapp-Fix genannt, weil er mit einer typischen schnellen Handbewegung in Hüfthöhe kurz aufgeschlagen und sofort wieder geschlossen wurde. Wahrscheinlich durften die Geheimnisträger nicht mal selbst wissen, was darauf stand. Nur eins wußten sie im vorliegenden Falle mit (Staats-)Sicherheit – daß die gesamte Ostseeküste als Grenzgebiet galt. »Urlauber, erweisen Sie sich des in Sie gesetzten Vertrauens würdig«, hieß es dazu auf einschlägigen Merkblättern, und wer nächtens herumplanschte, war nicht würdig, sondern ein potentieller Republikflüchtling. In seinen Klapp-Fix kam er nicht so bald zurück, dafür klappte es aber ganz fix mit einem Ende des Urlaubs.

Komet Lustig ging's einst in der Küche zu, als dort noch die Küchenmaschine **Komet KM 66** und ihr treuer Geselle, das **Komet-Handrühr- und Mixgerät RG 3** wirkten.

Schwer und wuchtig wie russischer Panzerstahl thronten die zwei auf der Tischplatte, und mit lautem Motorengeräusch verkündeten sie der Welt die Botschaft von der Überlegenheit des sozialistischen Handrühr- und Mixwesens. Als weitere Spitzenleistung erfreute das **Komet-Speiseeispulver** seine Käufer. Es wurde mit Milch zu einer Art Suppe angerührt, die dann nach mehrstündigem Aufenthalt im Kühlschrank ein lockeres, wohlschmeckendes Eis ergeben sollte. Das stand jedenfalls in der Gebrauchsanleitung, nur war diese dem Pulver offenbar unbekannt. Entweder fror das Ganze zu einem festen Packeisblock zusammen, oder die Ausgangsstoffe blieben einfach so wie sie waren – dann mußte man brav die Suppe auslöffeln, die man sich selbst eingerührt hatte. Aber gemach: Damit wir noch ein bißchen an der Sache üben können, gibt's das Pulver auch weiterhin, nur funktioniert es jetzt auch richtig. Wenn also der überhitzte Aufschwung Ost einmal Abkühlung durch neue Eiszeiten braucht, steht **Komet** schon bereit. Und diesmal echt locker.

Konsü war ein Kunstwerk, das sich aus Konsum und süß zusammensetzte. Es bezeichnete unter anderem eine Waffelsorte, deren verwirrende Dreifaltigkeit – Schoko, Erdbeer, Zitrone – in Kinderkreisen starke Glaubenskämpfe darüber auslöste, welcher Geschmack nun der allein seligmachende sei. Leider hat die Marktwirtschaft eine befriedigende Antwort auf diese brennende Frage mit der Einführung von drei Dutzend weiteren Waffelsorten unnötig erschwert.

Konsum Bei diesem Begriff denkt der Neufünfländer natürlich nicht an lustvollen Verbrauch oder Verzehr, sondern an die berühmte Ladenkette gleichen Namens. Sie ging

angeblich auf jene Genossenschaften zurück, die schon im 19. Jahrhundert zur Abwehr von »Preistreiberei und minderer Warenqualität« (Ostlexikon) gegründet worden waren. Die Abwehr der minderen Warenqualität hatte zwar nicht so recht funktioniert, aber sonst konnte man durchaus an die alte Tradition glauben, denn in den Geschäften sah es mitunter noch so aus wie vor hundert Jahren. Außer einer historisch wertvollen Handelsausstellung war der Konsum auch eine Massenorganisation, in der vier Millionen Mitglieder fleißig Rabattmarken sammelten. Der Standardsatz des Kunden »Und die Marken bitte« gehörte ebenso zu jeder Kassierung wie das großzügige Hinwerfen ganzer Markenbündel durch die Verkäuferin. In seiner dritten und vielleicht wichtigsten Funktion diente der Konsum aber als Ort des geselligen Beisammenseins: Noch im kleinsten Dorf unterhielt die Kette garantiert ein Lädchen, wo man sich zum Austausch wichtiger Neuigkeiten traf. Weil die Geschäfte inzwischen alle dicht sind, hat dankenswerterweise das Arbeitsamt diese äußerst lohnende Aufgabe übernommen.

Konsum-Brot Eine einzigartige Erfindung – kaum geliefert, schon hart. Völlig zu Recht bedachte der Volksmund dieses Ostprodukt mit dem Reim: Rums, schon wieder einer tot vom ollen Konsum-Brot.

Kowalit Täve, der große Friedensfahrer, hatte sie auf der Felge, und auch seine Sportsfreunde Eckstein und Weißleder quälten sich damit die steile Wand von Meerane herauf: Kowalit-Reifen waren im Vergleich zu den heutigen Schmalspur-Gummis noch regelrechte Vollballons. Und wenn sie platzten, knallte es ordentlich, was im Zeitalter des Radios nicht selten für die richtige Würze der Übertragung sorgte. Das Fahrrad mußte deshalb manchmal sogar über die Ziellinie geschoben werden, in jedem Falle aber galt des Herstellers geistreicher Werbespruch: »Der Favorit fährt Kowalit«. Fragte sich nur, wie weit.

Krefafin Au weia! Wenn uns der Husten erwischt hatte und der Doktor schlecht drauf war, bekamen wir die Fürchteflasche verschrieben. Wie zur Warnung stand schon auf ihrem Etikett, daß man es hier mit einem »Buchenteer-Präparat« zu tun kriegte, und eigentlich fehlte nur noch der Totenkopf nebst Einstufung als Nervengift. Die rötlich-braune Flüssigkeit ging aber offiziell als Hustensaft durch. Normalerweise wuchs der Mensch ja mit seinen Aufgaben, aber in diesem Fall schafften es nur unsere Besten, das Zeug mit einem beispiellosen Akt von Selbstüberwindung in sich hineinzuschütten. Wer bis dahin eventuell noch Zweifel an der ärztlichen Diagnose gehegt hatte, konnte nun ganz sicher sein: Jawohl, das war Husten in seiner schlimmsten Form, denn selbst versteckte Varianten brachen beim ersten Schluck Krefafin unweigerlich aus. So mancher Patient zog allerdings seine Krankheit dem Leiden einer solchen Heilung vor, und goß die Flasche still und leise ins Klo. Biologische Zwischenfälle in den Klärwerken der DDR wurden übrigens immer streng geheimgehalten.

Kriepa Natürlich, **Krie**bsteiner **Pa**pierprodukte finden nach wie vor ihre Käufer, denn die vielen schönen Erlebnisse mit ihnen vergißt man ja nicht ohne weiteres. Tropfte zum Beispiel einst die Ost-Nase, gelangte das Kriepa-Papiertaschentuch zur Anwendung. Man konnte es natürlich nicht einfach aus der Tasche ziehen und loswischen. Vielmehr erforderte seine rechtzeitige Bereitstellung einen genauen Plan. Im Frühjahr, Herbst und Winter, wenn alle herumschnupften, ließ es sich im Handel kaum auftreiben, also galt es, im Sommer möglichst vorausschauend ganze Kartons davon zu erwerben, die dann in der Verschwiegenheit des heimischen Warenlagers auf ihren Einsatz warten konnten. Dabei war es völlig egal, ob nun die grüne Sorte (geruchsneutral) oder die blaßrote (parfümiert) eingebunkert wurde. Nicht ganz so egal war es hingegen, wie lange man brauchte, um dem Zehnerpack ein einzelnes Taschentuch zu entnehmen. Oder muß man sagen **zu entreißen**? Die Tüte bestand ja nur aus einer Art Butterbrotpapier, aber problemlos öffnen ließ sie sich deswegen noch lange nicht. Als erstes mußte man nämlich nach einem eingeklebten Fädchen suchen, welches bei kräftigem Ziehen das obere Drittel der Packung abschneiden sollte. Oft riß es jedoch schon vorher kaputt oder es ließ sich ganz aus dem Päckchen herausziehen, ohne die Taschentücher ihrem Benutzer irgendwie näher gebracht zu haben. Also riß man schließlich mit fliegenden Fingern die ganze Packung auseinander und hielt alle zehn Taschentücher auf einmal in der Hand. Das war auch gut so, denn ihre Zahl reichte gerade aus, um den nunmehr heftigen Schnupfen noch eben einzudämmen. Die Nase war ja zuvor immer mit der Zeit um die Wette gelaufen, und auf der Zielgeraden mußte manchmal sogar noch der Handrücken mit flinkem Wisch eingreifen, damit der Mensch am Ende den Triumph über die Dinge davontragen konnte. Die große Schwester des Kriepa-Taschentuchs war übrigens die Kriepa-Serviette. Auch sie gehörte zu den seltenen Arten, denn ihre Bestände wurden meist innerhalb von Minuten restlos aufgekauft. Kriepa-Servietten waren universell einsetzbar und daher im Haushalt unentbehrlich: Sie reinigten die Küche wie ein saugfähiger Lappen, polsterten Babys Windel als zusätzliche Einlage und säuberten die Münder nach dem Essen. Auch wenn dies nicht alles mit dem gleichen Tuch vonstatten ging, konnte man doch verallgemeinern: Vom Tisch bis zur Wiege mit Kriepa zum Siege.

Krügerol Diese kleinen weißen Bonbons steckten schon immer in einer Rascheltüte, die innen imprägniert war. Selbst bei Schiffsuntergängen und Sintfluten blieb der Inhalt dadurch schön trocken, und der Husten hatte keine Chance. Wenn sich heute Fischers Freund mit seiner Schärfe brüstet, so dürfen wir für unseren Freund Krügerol getrost erklären: Fühlst du dich schwach, macht er dich stark.

Kuko-Reis ließ sich tatsächlich schnell zubereiten, wie der Name Kuko (= Kurz-Koch) schon versprach. Aber das eigentliche Wunder des Kochbeutels war noch viel größer. Während es sonst im Osten vor allem Schulspeisungsreis mit garantierter Klumpenhaftung gab, kamen die

Wurzener
KUKOREIS
KURZ-
KOCHREIS
im
Kochbeutel
EVP
0,80 M
2 Beutel = 250 g ± 5 g

Körner hier erstmals klebefrei und lose auf den Teller. Um so größer war unser Erstaunen, als wir nach der Wende die schon verlorengeglaubte Haftmasse im Angebot von Onkel Penn wiederfanden. Da sieht man mal, daß auf der Welt nichts endgültig verlorengeht.

Kumpeltod war der Spitzname eines »steuerbefreiten Trinkbranntweins«, der billig an die Bergleute der Wismut verkauft wurde. So konnten sie strahlenden Gesichts auf ihre strahlenden Arbeitsplätze in der Uranförderung anstoßen. Ungeklärt ist bislang, ob der beliebte Zweizeiler: Ein Steiger aus dem Schachte kriecht/Und schreit Der Sozialismus siegt! nach übermäßigem Genuß des Getränks ersonnen wurde.

Kutte – so nennt man in Berlin und Umgebung seinen Freund Kurt. Früher kannte man aber außer **dem** Kutte noch **die** Kutte. Sie wissen schon, diesen dreiviertellangen Anorak. Er verströmte neben dem Geruch nach Imprägniermittel auch eine ganz ferne Ahnung von Parka, denn man hatte ihn mit Druckknöpfen **und** Reißverschluß ausgestattet. Für östliche Verhältnisse kam diese Doppelung schon fast einem Sabotageakt an der Materialökonomie gleich, und nur der massenhafte Ansturm junger Leute auf das Kleidungsstück hat wahrscheinlich dem verantwortlichen Leiter seinen nächsten Aktivisten-Orden gerettet. Der Jugend jedenfalls gehörte nicht nur die Zukunft, sondern auch die Kutte. Allenfalls bei den Farbvarianten kam es zu geringfügig differierenden Grundsatzpositionen, wenn man sich zwischen braun oder grün zu entscheiden hatte. Ansonsten aber herrschte allgemeines Einvernehmen, daß die Kutte mit ihrem ausknöpfbaren Fell, den vielen Taschen und der wasserdichten Oberfläche an praktischer Vielseitigkeit nicht zu überbieten war. Gegen Ende der DDR hatten sich diese Vorteile sogar bis zur Stasi herumgeschwiegen. Die steckte ihre Leute dann gern in Kutten, wenn sie als zivil getarnt werden sollten. Komischerweise erkannte man sie trotzdem schnell, denn sie lungerten immer paarweise herum und schleppten unförmige Schultertaschen durch die Landschaft, in denen wahrscheinlich Mini-Kameras mit Braunkohlenantrieb versteckt waren. Der echte Kuttenträger in seiner Abenteuerkombination aus ☞ Römerlatschen, Levi's-Jeans, Kutte und FDJ-Hemd ließ sich auf diese Weise natürlich nicht imitieren.

Lautergold Für die Leber sind die hochprozentigen Getränke dieser Marke wahrscheinlich nicht das reinste Gold gewesen. Aber geschmeckt haben sie trotzdem. Andernfalls hätten die Hersteller wohl nicht so selbstbewußt ihren Werbeklassiker aufs Etikett gedruckt: »Jeder Tropfen Lautergold köstlich durch die Kehle rollt.«

Linda Neutral Zu Hause waschen kann jeder, aber dreckig wird man oft unterwegs. Dieser reinen Wahrheit verdankt Linda Neutral seine Existenz. Die Waschpaste aus der runden Schachtel braucht nämlich nur kaltes Leitungswasser, und schon haben alle wieder eine weiße Weste. Politikern auf Reisen dringend zu empfehlen.

Lipsi Manchmal bekam die DDR echte Anfälle von Größenwahn. Dann wollte sie als erstes Land der Welt Kühe im Rinderoffenstall überwintern lassen oder unbedingt ein Düsenpassagierflugzeug bauen. Als besonders heftiger Ausbruch dieses Leidens ist auch ein Versuch in Erinnerung, die Völker der Erde mit einem neuen Modetanz zu beglücken. Anläßlich der Leipziger Messe wurde dafür eigens der Lipsi geschaffen (Lipsia = Leipzig). Leider machte die Welt keinerlei Anstalten, sich daraufhin im Ost-Takt zu drehen. Deshalb nahm der Lipsi dasselbe Schicksal wie der DDR-Düsenjet: Schon nach wenigen Runden folgte der steile Absturz.

Lizenzplatten Bei uns war's immer donnerstags. Da begann sich vor dem Schallplattenladen mittags ab halb zwei diese typische Schlange zu bilden, deren Länge bis zur Öffnung des Geschäfts um drei glatt das Doppelte erreicht haben konnte. Immer donnerstags war nämlich mit dem Eintreffen von Lizenzplatten zu rechnen. Die LPs sahen zwar auf den ersten Blick wie ☞ Amiga-Erzeugnisse aus, aber sie trugen den unscheinbaren Vermerk »Übernahme von Emmi Elektroroller« oder »Lizenzgeber Harrilola«. Das hieß im Klartext, hier war irgendein Goldkehlchen aus dem nicht minder Goldenen Westen in die Rille gepreßt worden. Um wen es sich am jeweiligen Tag gerade handelte, ging nur als Raunen von Mund zu Mund – mit dem bekannten Stille-Post-Effekt übrigens, daß vorne John Lennon eingegeben werden konnte und hinten Roy Black herauskam. Im Grunde genommen war das aber egal, denn die Kundschaft sackte sowieso alles ein, was es gerade gab. Mit dem Schlagerschmalz, das man selbst nicht mochte, konnte man womöglich noch immer einen Handwerker schmieren. So gesehen steckte in diesen besonderen Schallplatten nicht nur Musik, sondern vielleicht auch die Lizenz zum Löten.

Magazin Nur Ahnungslose vermuten hinter dieser Bezeichnung ein russisches Warenlager. Doch die Rede ist hier von jener kleinen Zeitschrift, auf die sich beim Frisör oder im Wartezimmer immer alle Anwesenden sofort stürzten. Am Kiosk war sie ja nie zu bekommen, und die Frage nach einem eventuellen Abo löste bei der Post Lachsalven aus, die sonst höchstens noch Herricht & Preil erzielten. Die Ursache dieser heftigen Nachfrage wirkt aus heutiger Sicht beinahe rührend: Im Magazin gab es jeden Monat ein Aktfoto. Na schön, es gab auch noch den Klemke-Kater auf dem Titelbild und westliches Hochglanzpapier für die eine oder andere Bildreportage. Aber die Nackedeis blieben der Renner. Schließlich hatte man dazu im Land nahezu flächendeckender FKK-Strände eine durchaus persönliche Beziehung. Erst nach der Wende bekamen die Ossis überhaupt mit, in welchen Schweinkram sie die Diktatur da die ganze Zeit getrieben hatte. Deshalb zogen sie sich an der Ostsee ganz erschrocken wieder ihre Hosen und Bikinis an und schoben das Magazin ziemlich weit von sich.

Malimo Darauf muß man erst mal kommen, daß in diesem Kunstwort **Ma**uersberger, **Li**mbach-Oberfrohna und **Mo**lton stecken. Außerdem steckt natürlich eine Geschichte drin. Textilingenieur Mauersberger war Erfinder mehrerer Nähwirktechnologien, und er hatte sein nähtechnisches Wirken in das sächsische Städtchen Limbach-Oberfrohna verlegt. Dort war ihm auch jenes Baumwollgewebe Molton eingefallen, welches sich in dialektischem Spannungsreichtum sowohl als »weich« wie auch »beidseitig gerauht« präsentierte. Unvergleichlich wurde es aber erst durch seine zirkusreife Eigenschaft, an einem einzigen Faden ganze Handtücher zu einem Knäuel zusammenziehen zu können. So bekam selbst noch der technisch unbedarfteste Laie ganz nebenbei eine Ahnung vom Phänomen des »Fadenlagennähgewirkes«. Angesichts solch immensen Erkenntnisgewinns konnte er es auch gleich viel leichter verkraften, daß Malimo-Handtücher wasserabweisend und damit zum Abtrocknen ungeeignet waren.

Margonwasser Das vermutlich mobilste Mineralgetränk der DDR bekam man auf Grund irgendeines undurchschaubaren Verteilungsschlüssels fast nur in den Speisewagen der Mitropa zu kaufen. Weit herumgekommene Großmütter wußten hinter vorgehaltener Hand zu berichten, daß es sogar **Reisekader** sei, weil es auch im Interzonenzug gesichert worden war. Aber das wollen wir ihm nicht weiter krummnehmen, schließlich sind noch ganz andere Flaschen in den Westen gefahren.

Micki Eigentlich gibt es ja bei den wenigsten Ostprodukten Anlaß zur Nostalgie, aber beim Micki ist vielleicht eine Ausnahme angebracht. Er war das erste richtige Taschenradio im Osten, kleiner als jene bleischweren Kästen, die da völlig zu Recht »**Koffer**heule« genannt wurden, und früher im Laden als der russische »Kosmos«. Zusammen mit einer Taschenlampe paßte Micki noch unter jede Bettdecke, und während die Eltern im Wohnzimmer nichtsahnend Willi Schwabe bei seinen Hustenanfällen im Staub der Rumpelkammer zusahen, übertrug Micki ganz heimlich und leise die Hitparade aus dem Westen. Ja, so waren wir Widerstandskämpfer eben, und wer bloß den Igel Mecki kennt, aber nicht das Geheimfunkgerät Micki, der kann gar nicht mitreden.

Mifa Es waren die alten **Mi**tteldeutschen **Fa**hrradwerke, die in ihrer VEB-Zeit eine zweite Drahteselsorte als Konkurrenz zum ☞ Diamant-Rad auf den Markt warfen. Die Käufer warfen diese Gefährte aber bald in die Ecke, und es entstand der berühmte Spruch: Wer Mifa fährt, fährt nie verkehrt, weil Mifa überhaupt nicht fährt.

Milasan Daß möglichst langes Stillen den Säugling gesund erhält, wußte frau im Osten sowieso. Aber auch wenn ihr

Herz in der Brust noch so heftig für den Nachwuchs schlug, gab die Brust selbst nicht immer genug Milch für denselben her. Dann mußte Milasan als Notbehelf einspringen, und der neue DDR-Bürger lernte gleich was fürs Leben, denn Ersatzstoffe sollten ihn später noch ständig begleiten.

Mokka-Fix Alle Finanzminister aufgepaßt, jetzt gibt's was zu lernen: Man nehme ein paar minderwertige Kaffeebohnen und drehe sie durch die Mühle. Anschließend deklariere man das entstandene Pulver als »filterfertig gemahlen«, damit keiner mehr merkt, wie miserabel die Ausgangsstoffe waren. Zum Schluß stecke man das Ganze in handliche Abpackungen zu 125 Gramm und verlange dafür einen Preis um die acht Mark. Fertig ist die Wertschöpfung. Genau nach diesem Muster funktionierte Mokka-Fix: Er war nicht nur eine Kaffeesorte, sondern auch ein Mittel zur **Kaufkraftabschöpfung**. Daß es die Sorten Mokka-Fix Silber und Mokka-Fix Gold gab, signalisierte allenfalls den belanglosen Unterschied zwischen einer silbernen oder einer goldenen Nase, die sich der Staat damit verdiente.

Mondos In diesem Namen steckt das Wörtchen mondial, und mondial bedeutet weltumspannend. Mondos umspannte aber was ganz anderes, denn es war ein Kondom.

Mosaik Ja ja, wir geben es zu – ein Großteil unserer Halbbildung stammt aus diesen Comics. Aber statt im Geschichtsbuch zu blättern, war es nun mal viel interessanter, den Digedags ins alte Byzanz zu folgen oder zu Lord Groggy nach England. Die Bleikammern der Dogen in Venedig lernten wir ebenso kennen wie die Sandalenmode im Römischen Reich, und Runkel von Rübenstein brachte uns irre Ritterregeln bei, wo doch eigentlich die zehn Gebote der sozialistischen Moral gepaukt werden sollten. Unklar blieb nur, warum Digedag, der dritte Bruder, jahrelang fehlte (war er von der Zensur verfolgt, in den Westen abgehauen oder gar im Untergrund???). Na egal, heute sind sie alle wieder da, und selbst gestandene Vierziger juckt es gelegentlich in den Fingern, noch mal einen der dicken Reprint-Bände durchzuschmökern. Wer aber im Osten sogar noch ein Originalheft Nummer eins besitzt, der ist so was wie der Stellvertreter vom Lieben Gott für Sprechblasen. Und damit meinen wir was ganz Tolles und nicht etwa eine Kreuzung aus Thomas Gottschalk und Kurt Hager.

Möwe-Nudeln Wenn es um die Planerfüllung ging, wurden früher noch die letzten Reserven mobilisiert. Selbst die Möwe mußte ran: Man übertrug ihr die Produktion von Eiernudeln. Wie es sich gehört, wuchs sie aber mit ihren Aufgaben, so daß auch heute noch erfolgreich in Waren/Müritz Rohmöwenmasse vernudelt wird, Rohnudelmasse vermöwt, Ruhnodelmöwen vermasselt, Ruhmassel möwnodelt – ach was, fragen Sie doch einfach Loriot.

Mux In einer schmalen, kantigen Glasflasche schwappte diese leicht gelbliche Flüssigkeit. Auf den Deckel des Gefäßes mußte man noch ein Röhrchen schrauben, dann konnte es losgehen: Man pustete ins Mundstück und – nichts passierte. Man reinigte das Mundstück, pustete und – noch immer nichts. Man zerlegte das Mundstück, kontrollierte die Einzelteile, baute alles wieder zusammen, pustete und – Fehlanzeige. Man schüttelte heftig die Flasche, holte so tief Luft, wie es überhaupt nur ging, pustete, mußte husten und bekam eine ordentliche

Ladung Mux in den Mund. Diese spuckte man dann ungefähr in die Richtung, wo die Mücke vermutet wurde, denn zur Mückenbekämpfung war Mux gedacht. Geschmeckt hat's scheußlich und geholfen hat's wenig, aber als sommerlicher Zeitvertreib war es unschlagbar.

MZ **M**otorradwerk **Z**schopau, so hieß seit 1956 die Schmiede, aus der das populärste Ost-Motorrad rollte. Schon vor dem Krieg waren dort unter dem Namen DKW (Volksmund: Das Krankenhaus winkt) Feuerstühle gebaut worden. Die DDR-Maschinen kamen technisch nicht sehr viel weiter als diese Vorfahren, dafür aber kamen sie auf der halben Welt herum. Die MZ mußte sich im Golfkrieg beschießen lassen, sie knatterte durchs wilde Kurdistan und nebelte sogar in Rio mit ihren Abgasen die Copa Cabana ein. Der altbundesdeutsche Kleckermann-Versand machte es auch möglich, daß »Trophy« und »ETZ« schon längst im Westen eingefahren waren, bevor die Zschopauer und ihre ostdeutschen Landsleute schließlich in persona nachkamen. Der alte Katalogpreis von 700 DM ließ sich aber nach der Wende nicht halten, und ein nagelneu entwickelter Motorradtyp heimste zwar jede Menge Design-Auszeichnungen ein, aber wie es im Leben so ist: Manchmal finden gerade die schönsten Frauen keinen Mann. In Zschopau blieben jedenfalls die Kunden aus, und die Sequester kamen. So heißen im Osten die Bestatter für verblichene Unternehmen.

Nautik sind alle zur Schiffahrt gehörenden Wissensgebiete. In freier Deutung des beliebten Arbeiterkampfliedes **In meiner Badewanne bin ich Kapitän** rüstete man den DDR-Bürger deshalb mit der Nautik-Seife aus. Sie versagte zwar im Fach Navigation und konnte nicht mal schwimmen, aber für klar Schiff sorgte sie wenigstens.

Narva Nur nebenbei soll hier erwähnt werden, daß sich dieses Warenzeichen aus den Bestandteilen **N**itrogenium, **Ar**gon und **Va**kuum zusammensetzte. Zum gesicherten Allgemeinwissen früherer Zeiten gehörte aber vielmehr, daß die Narva-Glühlampe als wichtigsten Bestandteil ein höchst empfindliches Leuchtfädchen enthielt. Wahrscheinlich hatte irgendeine besonders große Leuchte der Fabrik ein paar Gramm Wolfram eingespart, so daß die Wendel an Untergewicht litt. Schon auf dem Heimweg nach dem Einkauf galt es deshalb, größte Vorsicht walten zu lassen. Jedes ☞ KIM-Ei war von robusterer Konstitution als die Narva-Birne. Behutsam wie bei der Beförderung von Nitroglyzerin schlich man also nach Hause, um den Neuerwerb in die Fassung zu schrauben. Und siehe da, es wurde Licht. Oder auch nicht. Gegebenenfalls mußte eben der Einkauf mitsamt Hochsicherheitstransport wiederholt werden. Als Alternative boten sich höchstens noch russische Leuchtmittel der Marke »Orjol« an. Die zerplatzten zwar gern mit lautem Knall und tauchten anschließend die Geburtstagstafel in einen wahren Funkenregen, aber für die Herzenssache der deutsch-sowjetischen Freundschaft konnte ja gar kein Feuerwerk groß genug sein.

ND Komischerweise ist das Neue Deutschland nie ins Guinness-Buch der Rekorde gekommen. Dabei konnte es doch allerlei Höchstleistungen für sich verbuchen. Sie fingen schon beim Aufschlagen des Blattes an. Wer in Bus oder Bahn ND lesen wollte, mußte vorher erst einen Nachbarn von der Bank schubsen, weil er sonst nicht genug Platz hatte, das Riesenformat überhaupt auseinanderzuklappen. Es war wohl deshalb so groß, weil ja oft derjenige die meisten Worte macht, der am wenigsten mitzuteilen hat. Als weiteren Superlativ konnte das ND für sich verbuchen,

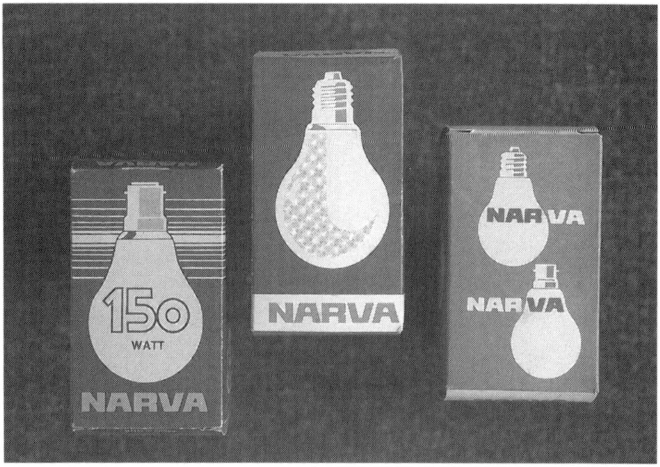

die wahrscheinlich am wenigsten von Journalisten produzierte Zeitung zu sein, denn hier schrieb das Politbüro noch selbst. Mit der Folge eines weiteren Rekords, denn es entstand die langweiligste Postille weit und breit, was in der Presselandschaft der DDR nun wirklich schon einiger Anstrengung bedurfte. Die schönste Spitzenleistung vollbrachte das ND aber zweifellos bei einem der regelmäßigen Leipziger Messerundgänge seines langjährigen Freundes und Gönners Erich H. Gleich 64mal lichtete es den ersten Mann im Staate in einer einzigen Ausgabe ab, und dieser Rekord dürfte nun auch kaum noch zu überbieten sein, da ja bekanntlich sowohl der Mann als auch der Staat inzwischen ihre Tage beschlossen haben. Das ND beschloß dagegen nach der Wende, kein Zentralorgan mehr sein zu wollen, und versteckte flugs Karl-Marx-Orden und Karl-Marx-Zitat aus dem Kopf der Titelseite. Verschiedene Versuche Außenstehender, ihm das Lebenslicht auszublasen, sind seitdem ebenso fehlgeschlagen wie Versuche Innenstehender, das alte Verlautbarungsblättchen in eine seriöse linke Tageszeitung umzumendeln.

Nelson war Admiral und ein tapferer Mann. 1794 verlor er zunächst ein Auge und dann 1797 auch noch einen Arm. Beides war zweifellos auf die Benutzung der berühmten Nelson-Rasierklinge zurückzuführen, deren unberechenbar schneidende Einwirkung Freund und Feind gleichermaßen fürchteten. Da nun nicht jeder zum Draufgänger geboren ist, beschloß ein großer Teil der männlichen DDR-Bevölkerung, von Selbstverstümmelungen dieser Art Abstand zu nehmen und in Zukunft Vollbart zu tragen. Rasierpionier Nelson aber wurde, wie das Lexikon mit Recht vermerkt, »zu einem der volkstümlichsten Helden der Geschichte«.

Neues Leben **Neues Leben blüht aus den Ruinen**, sprach der Dichter, und das Neue Leben blühte der Jugend des Ostens als Zeitschrift. Den vorderen Teil voller FDJ-Jubel konnte man getrost überblättern, weil ihn sowieso kaum jemand glaubte, und den hinteren Teil mit den Fotos der Pop-Gruppen konnte man nicht erkennen, weil die Bildqualität so erbärmlich war. Enttäuscht klappte da mancher Jugendfreund das Heft zu und rief mit leichtem Sarkasmus: **Bravo**.

Nordhäuser Doppelkorn Die Familie war ja ziemlich groß: Lichtenberger, Cottbusser und Melde Korn gehörten dazu, aber unangefochtener Chef blieb immer der Nordhäuser. Eiskalt, ja fast gefroren, wurde er getrunken, und von der Riffelflasche rieselte jedesmal beim Eingießen leise der Schnee auf die Tischdecke. Soviel Heimeligkeit nicht nur zur Weihnachtszeit mußte ja fast zwangsläufig als Kulturerbe erhalten bleiben. Deshalb fehlt der Nordhäuser heute in ganz Deutschland bei keinem Erntefest, wenn es gilt, Körner einzufahren.

Omega ist bekanntlich das Symbol für Ohm und Selbiges die Maßeinheit des Widerstands. So gesehen war der Name Omega für den berühmtesten Staubsauger des Ostens schon Programm: Deutete er doch den erbitterten Widerstand des Hausherrn dagegen an, dieses Reinigungsgerät überhaupt in die Hand nehmen zu müssen. Wenn dann doch genügend Überzeugungsarbeit geleistet worden war und die Arbeit beginnen sollte, mußte zunächst das hintere Rohr auf seine Knickfestigkeit überprüft werden (auch als sogenanntes Omega-Verfahren im Kranbau bekannt). Schließlich wußte die allseitig gebildete sozialistische Persönlichkeit ja, daß sie mit dem Omega »ein schweres, instabiles Elementarteil« (Physikunterricht) über den Teppich schob. Das Absaugen selbst verlief ohne größere Zwischenfälle, allerdings gelang es wegen des undichten Staubsacks nicht immer, das Abgesaugte auch wirklich aus dem Zimmer zu schaffen. Es flog dann irgendwo aus der Apparatur wieder heraus und hinterließ im Raum den klassischen Omega-Nebel.

ORWO »Original Wolfen« nannten sich stolz Filme und Tonbänder, die aus dem gleichnamigen Städtchen im damaligen Bezirk Halle kamen. Die Tonbänder waren einst heißbegehrt, weil in grauer Vorzeit nur mit ihrer Hilfe die West-Hitparaden aufgezeichnet werden konnten. Später entwickelte ORWO-Kassetten (sie kosteten 20 Mark und quietschten entsetzlich) in Verbindung mit einem importierten Walkman (kostete 1200 Mark, und die Kundschaft quietschte) boten dagegen keinen Anlaß zu lang anhaltenden Beifallsbekundungen. Ähnlich verhielt es sich mit

den Filmen UT 18 und NP 20, zwei Urlaubsbegleitern, die keiner richtig mochte, weil sie immer alles ganz anders abbildeten, als man es mit eigenen Augen gesehen hatte. Heutzutage ist nun von all diesen Gesellen aus dem Chemiebezirk auch nichts mehr zu sehen. Der aktuelle ORWO-Film wird ganz woanders produziert und nur noch am alten Standort verpackt. Für Wolfen heißt es damit frei nach einem bedeutenden Opus der sozialistischen Unterhaltungskunst: Du kannst den Farbfilm vergessen, mein Michael.

Ovosiston Nicht auszudenken, was passiert wäre, wenn es dieses Erzeugnis nicht gegeben hätte. Bekanntlich waren ja Männlein und Weiblein im Osten noch so unzivilisiert, daß sie es einfach heftig miteinander trieben, während der arme Wessi schon damals kaum zu so was kam, weil er doch im Schweiße seines Angesichts für die vielen Pakete nach drüben schuften mußte. Nur dank der lieben Pille Ovosiston konnte das Allerschlimmste verhindert werden. Oder korrekt gesagt, **verhütet**. Sonst hätten jetzt womöglich 65 Millionen Westgermanen 300 Millionen Neu-Bundis durchfüttern müssen. So viele Ostprodukte hält nun wirklich kein Mensch aus.

Pentacon Die Fotoapparate aus diesem Dresdener Betrieb waren schwer in Ordnung, wobei die Betonung durchaus auf schwer lag. Dank der Verarbeitung von Metallteilen, die auch als Schiffswand hätten verwendet werden können, bekamen Hobby- und Berufsknipser hier eine wahrhaft tragende Rolle zugewiesen. Ganz so schlimm wie es der Name androhte, ist es aber dann doch nicht gekommen. **Penta con = Fünfe mit** einem Apparat hat man nie gesehen.

Perlodont Wer sich durch den Realsozialismus beißen mußte, brauchte ordentliche Zähne. Inzwischen wissen wir zwar, daß innen alles hohl und verfault war (sowohl beim Sozialismus wie bei den Beißerchen), aber von weitem hat man's ja nicht gleich gesehen. Dafür sorgte zumindest bei den Zähnen die Paste Perlodont. Sie entfaltete ihre Wirkung weniger durch Putzkörper als durch ihren hohen Anteil von Gips. Der kleisterte alle dunklen Stellen zu, und heraus kam das umwerfendste Strahlen seit Tschernobyl.

Pfeffi Erst im nachhinein begreift man ja richtig, was einem der Osten so alles vom Leben vorenthalten hat. Keine 50 Kaugummisorten gab's, keine Taktik-Dragees mit eintausend Kalorien und einem Jahr Wirkung (oder umgekehrt) und ein Mentholatemfreshmintlightplus schon gar nicht. Die ganze DDR hätte mächtig zum Himmel und noch viel mehr aus dem Mund gestunken, wenn da nicht unser kleiner Freund, der Pfeffi gewesen wäre. Ganze zehn

Pfennige mußte man anlegen, dann bekam man die berühmte grünliche Packung. Man konnte sie weder als Rolle bezeichnen, denn sie war eckig, noch als Stange, denn dafür war sie zu kurz. Aber die Frage der Form erübrigte sich ohnehin, sobald man den ersten Pfeffi aus dem inneren Silberpapier herausgepult hatte. Nun, da die Schleusen einmal geöffnet waren, rüsteten seine restlichen Brüder ebenfalls zum Ausstieg, weil die Packung keine Möglichkeit zum Wiederverschließen bot. In sämtlichen Jacken-, Hosen- und Manteltaschen des Ostmenschen lagen daher bald versprengte Pfeffis herum – als einer der wenigen selbstwachsenden Vorräte der Planwirtschaft. Pfeffi bedeutete übrigens nicht zwangsläufig Pfefferminz, denn es gab auch noch eine gelbliche Spielart der Geschmacksrichtung Zitrone/Orange, die man ebenfalls Pfeffi nannte. Aber daß darin wirklich Südfrüchte Verwendung finden würden, hätte sowieso niemand geglaubt.

Pittiplatsch trug vorsichtshalber den Beinamen »der Liebe«, denn er war ein Kobold. Geboren wurde er in den sechziger Jahren beim Kinderfernsehen, und er durfte allerlei aussprechen, was seiner Kollegin, der Ente Schnatterinchen, aus Gründen politischer Korrektheit versagt blieb. Klassisch wurde vor allem sein weltanschaulich bedenklicher Satz »Kannste glauben«. Obwohl eigentlich zur abschreckenden Belehrung der lieben Kleinen gedacht, glaubten ihm gerade die Erwachsenen. Opposition à la Pittiplatsch traf genau ihren Nerv: unterhaltsames Meckern ohne Konsequenzen. So war es nur noch eine Frage der Zeit, bis der Kobold weich gepolstert als nettes Maskottchen zwischen den Sofakissen der Großen landete. Aber das soll ja nach der Wende noch ganz anderen Oppositionellen passiert sein.

Planet-Postkarten deckten den Bedarf für die Wechselfälle des Lebens. Geburt, Heirat, Umzug oder Tod – stets flatterte ein entsprechendes Kärtchen ins Haus. Und es konnte wirklich flattern, weil der »EVP 0,20 M« zwar gerade noch für matten Glanz, aber nicht mehr für genug Pappe ausreichte. Die Sortierbänder der Deutschen Post taten dann das ihre, um alle dünnen Ecken der Botschaft wegzuknicken, bis schließlich im Briefkasten nur noch ein gerundetes Etwas mit knautschiger Oberfläche ankam – so ähnlich wie ein Planet eben.

Pneumant Pneu klingt natürlich zuerst mal nach Bereifung, und das stimmte ja auch. Alles, was im Osten fuhr, vom Tretroller bis zum Mähdrescher, bekam Pneumat-Reifen verpaßt. Nach der Wende durften sich die Fabrikate dann weiter in der neuen Marktwirtschaft (und auf den alten Holperstraßen) bewähren, womit eigentlich frei nach Tucholsky schon **zum Happy End abgeblend'** werden könnte. Wenn da nicht noch ein anderer Sproß der Pneumant-Familie gewesen wäre, der sang- und klanglos auf der Strecke blieb. Richtig, vom beliebten Plaste-Porzellan ist hier die Rede. Im zweiten Jahrzehnt der DDR, als die Zukunft immer froher wurde, konnte bekanntlich das Wohl des Volkes durch die Verabreichung von Plaste gesteigert werden: Käsebüchsen, Babywannen, Henkeltassen – schier unerschöpflich schienen die Anwendungsgebiete, und wer da noch nicht ganz von den Vorzügen dieser neuen Herrlichkeit überzeugt war, bekam spätestens durch die kühne Farbgebung vor Augen geführt, welch leuchtende Perspektive sich hier auftat. Alle pensionierten und vormals passionierten Schulmilchtrinker werden sich zum Beispiel noch heute an die blauen, stets zu Riesenröhren aufgestapelten Plastebecher erinnern, in denen der Pausentrank jahrelang verabreicht wurde.

Oder an frohe Stunden in der HO-Gaststätte, wo uns auf dem Tisch die unvergleichliche Plaste-Menage in Fahl-Orange mit ihrem appetitanregenden mostrichverschmierten Deckel Gesellschaft leistete. Ganz zu schweigen von der Betriebskantine mit ihren über Jahre von Weiß zu Schmutziggelb gereiften Plastetellern, die nur darauf warteten, uns wieder einmal die praktische Dreifaltigkeit ihrer abgeteilten Fächer – Kartoffeln/Gemüse/Soße – beweisen zu dürfen. Nein, nein, in dieser Welt voll plastischer Schönheit war es gar nicht so einfach, noch ein Lückenprodukt unterzubringen. Aber die Kollegen von Pneumant fuhren ja ohnehin von Sieg zu Sieg, da war es ihnen ein Leichtes, als Konsumgut noch das Pneumant-Geschirr und den gleichnamigen Eierbecher zu erschaffen. Die guten Stücke erkannte man schon auf den ersten Blick an ihrer ungewöhnlichen Wanddicke, aber Altreifen fielen als Rohstoff offenkundig so zahlreich an, daß hier ausnahmsweise mal aus dem vollen geschöpft werden konnte.

Pouch nannte sich die Marke, unter der Faltboote und Zelte produziert wurden. Das Wort bedeutet im Englischen Beutel und paßte damit einerseits hervorragend zu den Einkaufstraditionen des Ostlers, so wie es andererseits zugleich auf die Verpackungsmöglichkeiten der Campingartikel hinwies. Wenn's aber mit dem Einpacken nicht klappte, kam die zweite Übersetzungsmöglichkeit des Namens ins Spiel, nämlich Tränensack.

Pouva Start Alle großen DDR-Kameratypen fingen komischerweise mit P an, aber der größte unter ihnen war zweifellos die Pouva Start. Dabei kann man gar nicht recht von einer Kamera sprechen. Vielmehr hielt man ein leicht gewölbtes, graugrünes Plastekästchen in der Hand, aus

dessen Vorderseite zuerst das Objektiv in Arbeitsstellung geschraubt werden mußte. Das genaue Einstellen etwaiger Entfernungen war weder möglich noch nötig, denn schon zur Allgemeinbildung jedes Schulkindes gehörte: Bei zu nahem Herangehen wurde nur Onkel Erwins Bauch abgebildet, bei zu großer Distanz gab's einen mächtigen Wolkenhimmel, unter dem sich ameisengleich ein entfernt onkelähnliches Wesen abzeichnete. Auch die Lichtverhältnisse bereiteten wenig Kopfzerbrechen, denn der zuständige Hebel kannte nur zwei Großwetterlagen: Sonne oder Wolke. Ja, da herrschten noch klare Weltbilder, wer nicht für den Fotografen war, war eben gegen ihn. Schien die Vorbereitung solchermaßen eher simpel, so zeigte sich doch beim Knipsen der wahre Könner. Nicht zu wenig und nicht zu viel Druck galt es hier auszuüben. Wer den Auslöser zu lasch bediente, bekam ihn gar nicht erst herunter, wer zu kräftig draufhaute, verwackelte das Bild. Besonders viele Chancen, eine verpatzte Aufnahme zu wiederholen, gab es auch nicht, denn der Film ließ insgesamt nur zwölf Schnappschüsse zu. Den aktuellen Stand erfuhr man quasi hintenherum, denn auf der Rückseite des Apparats befand sich im Deckel ein getöntes Bullauge, das den direkten Blick auf den Film freigab. Dort war die jeweils aktuelle Bildnummer aufgedruckt. Überhaupt der Film: Vom Format her mußte es sich wohl um einen direkten Nachfahren der Röntgenbranche handeln, denn solche Größen kannte man anderswo gar nicht. Trotzdem kamen am Ende immer nur verblüffend kleine Bilder heraus. Sie waren quadratisch, und außerdem fehlte ihnen die Farbe. Dennoch erbrachte die Pouva Start damit schon einen frühen Beitrag zur Bekämpfung der Ostalgie. Sie zeigte das Leben unter der Diktatur nämlich genau so, wie wir es noch alle in Erinnerung haben (besonders vom Rheinland oder von Bayern aus): mickrig und grau in grau. Neben dem solchermaßen historisch verdienstvollen Apparat existierte übrigens noch eine zweite Pouva mit dem zauberhaften Namen Pouva Magica. Dieser Diaprojektor sah ungefähr aus wie die Kreuzung eines Dampferschornsteins mit einer Keksrolle, und er konnte nicht nur Einzelbilder, sondern ganze Märchenfilme zeigen. Da die Konstruktion jedoch eine enorme Hitze entwickelte, rissen die Streifen fortwährend. Dies war die Geburtsstunde des späteren Fernseh-Mehrteilers.

Präsent 20 Jeder weiß, wie heikel sich selbst in der harmonischsten Familie der Umgang mit Heranwachsenden gestalten kann. Nehmen wir nur die 20jährigen – sind sie doch zum einen bereits erwachsen und andererseits noch unsicher, etwa in Fragen der Bekleidung. Ein schönes Beispiel für den verständnisvollen Umgang mit diesen Sor-

gen und Nöten der Jugend lieferte im Jahre 1969 Familie D. aus D.R. Ihr Sproß erreichte damals gerade das blühende Alter von 20 Lenzen, nur leider entsprach sein Äußeres so gar nicht den Vorstellungen des Hausherrn. Unter keinen Umständen wollte der junge Mensch die durch und durch toleranten Moderichtlinien seiner Erziehungsberechtigten akzeptieren, die da in dem Motto gipfelten »Nieten in Nietenhosen unerwünscht«. Schlimmer noch, selbst die bekannt losen Sitten der Nachbarfamilie B. aus R.D. waren ihm zu spießig, obwohl deren Leitsatz »Wir haben nichts gegen lange Haare, nur gepflegt müssen sie sein« nun wahrlich schon an die Grundfesten der Zivilisation rührte. Gott sei Dank bot der 20. Geburtstag des Sprößlings Herrn D. aus D.R. eine günstige Gelegenheit, hier auf taktvolle und doch zugleich prinzipienfeste Weise tätig zu werden. Er ließ ein Geschenk anfertigen, das unter dem Namen Präsent 20 gewiß einen unauslöschlichen Eindruck auf das Geburtstagskind machen würde. Und richtig: Der Präsent-20-Anzug mit seinen Riesenknöpfen, den dicken Steppnähten und wulstigen Revers trieb dem Beschenkten Tränen der Rührung in die Augen. Wer seinen Angehörigen derart bescheuerte Klamotten verordnete, konnte nur selbst komplett bescheuert sein.
Voller Mitleid schlüpfte der Sprößling darauf in den großkarierten Zwirn, um dem Alten wenigstens für einen kurzen Augenblick Linderung von diesem Leiden zu verschaffen. Obwohl Herr D. aus D.R. inzwischen verschieden ist, dürfte ihn dieser Glücksmoment noch lange als besonders schöne Erinnerung begleitet haben. Und daß der Anzug schon kurz nach dem Jubiläum im Lumpensack landete, wurde ihm deshalb auch völlig zu Recht verschwiegen.

Praktica-Kameras waren durchaus solide Produkte, nur leider ziemlich teuer. Zum Schluß mußte man für die besseren Modelle schon zweitausend Ostmark berappen. Ganz im Gegensatz dazu wurden sie im Westen von Firmen wie Meckermann oder Qualle für Spottpreise verschleudert, die sich nach der Wende freilich nicht mehr halten ließen. Ausgeknipst, hieß es deshalb.

Presto Dort, wo heute kurz vor der Kasse die Quengelregale mit den Bonbons im Supermarkt stehen, lagerten früher die Kaffeetüten. Und dort, wo kein Kaffee lagerte, kullerte Presto herum. Presto sollte angeblich ein löslicher Kaffee sein, und er konnte kullern, weil man ihn in winzige Aluminiumdöschen verpackt hatte. Wer es schaffte, den Verschlußpfalz aufzubiegen und den Inhalt in heißem Wasser aufzulösen, bekam zum Lohn eine Überraschung: Eine Tasse mit einem Getränk, das wie Maggi-Brühe schmeckte.

Primasprit Klarer hätte die Bezeichnung dieses Produkts kaum ausfallen können. Und höher die Prozente nicht auch. Mit sahagenhaften sechsundneunzig Uuhumdrehungen konnte dieser konzentrierte Alkohol aufwarten, weshalb das Etikett zur Warnung vor Brandgefahren mit einem Blämmchen fedruckt war. Türlich trank man ihn nur in Notfällen purrrr, ansonsten billete er den Rohschoff für Ei-ei-eierlikör. Wirkung dieselllbe in Falle jeedem.

Puffmais Das wußte man ja nun: Die westliche Dekadenz schreckte vor gar nichts zurück. Selbst vor der geliebten Wurst am Stiel unseres nicht minder geliebten Freundes und Genossen Nikita Sergejewitsch machte sie nicht halt. Im Gegenteil – ganz frech erhitzten führende Vertreter des Monopolkapitals eines Tages das Volksnahrungsmit-

Primasprit
Abfüllstelle:
VEB Berliner Schleifmittel
Betrieb Stendal

tel Mais so lange, bis es platzte. Und als wäre eine solche Verhöhnung der natürlichen Eßgewohnheiten des schaffenden Volkes nicht schon schlimm genug, nannten sie das Endergebnis auch noch Popcorn. Fehlgeleitete Jugendliche, zermürbt durch die jahrelange Manipulation bürgerlicher Ideologien, hielten das Ganze schließlich sogar für wohlschmeckend. Und nur der revolutionären Wachsamkeit unserer Kämpfer an der unsichtbaren Lebensmittelfront ist es zu danken, daß diese Verirrung keinen größeren Schaden anrichtete. Als Gegenmodell zum Popcorn der Ewiggestrigen entwickelten sie unseren zukunftweisenden Puffmais. Wie recht sie damit haben sollten, stellt die Geschichte erst in unseren Tagen nachhaltig unter Beweis, denn was damals nur eine kühne Vision war, ist jetzt Wirklichkeit. Nun haben wir auch im letzten Dorf einen Puff. Bloß der Maisanbau ist im Eimer.

Pulmotin Mit Flanell Nummer sechs und ähnlichen Düften war's ja früher im Osten nicht so weit her, aber es gab andere Gerüche, an denen man sich erkannte. Das Einreibemittel Pulmotin leistete da einen wichtigen Beitrag. Zwar signalisierte es nicht die große weite Welt, sondern nur die kleine lästige Erkältung, aber unverkennbar war es trotzdem, denn es hatte diese gewisse strenge Mentholausdünstung, die einem auch Wochen nach der Heilung noch anhaftete. Eigentlich war es wie heute mit der DDR: Man kann schon lange aus ihr entlassen sein, und trotzdem stinkt sie einen manchmal noch an.

Putzi Geben wir's zu – irgendwann haben wir alle gerade das gemacht, was von den Eltern ausdrücklich verboten worden war. Zum Beispiel Putzi runtergeschluckt. Diese Kinderzahnpasta gab es in drei verschiedenen Geschmacksrichtungen (heute bestimmt mehr), und es ließ sich ja auch überhaupt nicht einsehen, warum eine Sache Geschmack hatte und dennoch nicht zum Essen gedacht war. Also hieß es, her mit der Himbeertube und eine lange Wurst in den Hals gedrückt. Sogar Kosmonauten sollten ja angeblich auf diese Weise trainieren; das konnte man schon bei namhaften Begründern der wissenschaftlichen Weltanschauung wie Alfons Zitterbacke nachlesen.

Queck Junior Wer nicht wußte, was das war, hätte bei dieser Beschreibung wahrscheinlich eher auf einen Koffer getippt: »Verklebteformteileausglasfaserverstärktempolyesterharzineinschalenbauweisemitseitenteilendurchsikkenverstärkt«. Eingeweihte können dagegen nur müde lächeln, denn sie wissen längst, hier ging es um einen weitverbreiteten rundlichen Campinganhänger. Der war allerdings so klein, daß er nun doch irgendwie einem Koffer nahekam. Offiziell handelte es sich natürlich um »ein beliebtes Urlaubsdomizil kleiner Familien mit Touristikinteressen«. In ihm standen »günstige Raumaufteilung und praktische Unterbringungsmöglichkeiten für Gepäck dem beschränkten Platzangebot gegenüber«. Meist standen sich aber in der engen Kiste vor allem die Bewohner gegenseitig auf den Füßen.

Radeberger war fast wie Westgeld. Wenn's irgendwo mal gar nicht mehr weiterging, wirkten ein paar Flaschen dieser Biersorte Wunder. Im Handel bekam man sie ja kaum zu kaufen, denn Radeberger firmierte als Exportartikel. Was heute bei Autos üblich ist, wurde deshalb hier schon vor Jahren praktiziert: der Re-Import. Besonders Ungarn-Urlauber schleppten den Gerstensaft kastenweise wieder mit nach Hause. Vom Radeberger lernen, hieß eben schon damals rundreisen lernen.

Rasiercreme Wozu die Wende doch alles gut war. Ohne sie wären wir vielleicht doof gestorben, denn wir hätten wahrscheinlich nie mitgekriegt, auf welch ausgefallene Weise sich der Ost-Mann rasierte. Drückte einfach Rasiercreme aus der Tube, schmierte sie mit dem Pinsel im Gesicht breit, und los ging die Schaberei. Erst der Westen mußte uns erklären, daß dies doch fast ein Fall fürs Völkerkundemuseum sei. Rasierschaum hat in Mitteleuropa gefälligst aus der Spraydose zu kommen. Nur der fortschrittlichste Teil des Ostens muß wohl schon beizeiten sowas geahnt haben, denn in Bürgerrechtlerkreisen trug man Bart.

Real »Siehst du die Gräber dort im Tal, das sind die Raucher von Real«, dichtete einst der Volksmund über diese Zigarettensorte. Wissenschaftler behaupteten zwar allen Ernstes, im Westen habe es den gleichen Spruch als Doublette für die Marke Reval gegeben, aber die Real war so einmalig giftig, daß sie gar nicht gedoubelt werden konnte. Das sieht man schon an der wohlbekannten Analyse ihrer Bestandteile, nämlich REAL = **R**EST **E**INES **A**LTEN **L**ATSCHEN.

Regulax Es gab eben früher im Osten keine Freiheit: Alles wurde vorgeschrieben. Nicht einmal die Verdauungsprodukte durfte man abführen, wann es einem einfiel. Zunächst begann die Steuerung ganz harmlos, indem alle Kindergartenkinder gleichzeitig auf ihre Töpfe gesetzt wurden. Später folgte dann eine Lenkung durch individuelle Einnahme von »Früchtewürfeln«, bis schließlich das Doping mit harten Drogen seinen Höhepunkt erreichte und der Rohrreiniger Regulax zum Einsatz kam.

Rema Ungefähr zeitgleich mit den Leitermöbeln kamen diese Radios ins ostdeutsche Wohnzimmer. Je nach Größe hießen sie **Andante** und **Toccata**, und ganz unabhängig von Bauart oder Bezeichnung ging nach einer Weile der Skalenzeiger immer schwerer. So wurden all die Geräte nach und nach unfreiwillig zum Rema Adagio.

Rembrandt Einfallsreichtum bringt Farbe in den Alltag: Die ersten Fernseher der DDR waren zwar die üblichen Riesenschränke mit einem winzigen Guckloch als Bildröhre, und schwarz-weiß waren sie auch. Aber dafür hießen sie so herrlich bunt, denn außer dem guten **Rembrandt** kam auch noch Herr **Rubens** als Namenspatron zu Ehren. Als dann Jahrzehnte später die Bilder tatsächlich farbig flimmerten, gab's keine so malerischen Bezeichnungen mehr. Dafür kosteten die Apparate nun 6.000 Mark, und dem Käufer wurde trotz bunter Bilder erst mal schwarz vor Augen.

RFT Unter diesem Kürzel wurden alle Betriebe für volkseigene Rundfunk- und Fernmeldetechnik zusammengefaßt. Außerdem hieß eine entsprechende Ladenkette so. Während es dort mit dem Rundfunken noch einigermaßen klappte, hatte der Kunde absolut nichts fernzumelden, denn das Telefon bekam man bekanntlich erst nach jahrelanger Wartezeit. Um die größten Kulturschocks der Wende etwas zu mildern, bemüht sich die Telekom, an diesen Teil der RFT-Tradition anzuknüpfen.

Römerlatsch Jesuslatsch konnte die Sandale bei Atheistens schlecht heißen, also wurde sie auf **Römersandale** getauft. Sie hatte einen typisch unegalen DDR-Preis, nämlich 7,10 Mark das Paar, und sie fungierte als Fußbekleidung des typisch unegalen DDR-Menschen. Wer den Römerlatsch (so die umgangssprachliche Bezeichnung) trug, stellte Nichtangepaßtheit zur Schau. Besonders im Winter. Damit blieb der Römerlatsch eines der wenigen Ostprodukte, bei dem es kaum auf Qualität, dafür aber auf Symbolwert ankam. Das war auch besser so, denn nach einem Jahr lösten sich meistens die Vorderriemen von der Sohle. Dann konnte nur noch Pattex-Kleber aus dem Westen helfen, was als historischer Soli-Beitrag an dieser Stelle lobend erwähnt sein soll. Mit der Wende hätte nun eigentlich der Osten rechristianisiert werden können, und dem Jesuslatsch wäre vielleicht ein grandioses Comeback gelungen. Aber wie man weiß, haben sich Rote Socken, Alte Seilschaften und Heiden zu einer unheiligen Allianz verschworen, um dies zu verhindern. Vor allem den Roten Socken war natürlich daran gelegen, bei ihrem finsteren Treiben nicht gleich entdeckt zu werden. Deshalb geht der Niedergang des Römerlatschs vermutlich auf ihr Konto. Doch wir erkennen sie auch in Rutschi-Schuhen und Eichenknüppel-Sandalen! Römer, Jesusse und Mitlatscher! Noch ist das Abendland nicht verloren! Ölt die Schnallen und fettet die Riemen! Nur wer Dreck am Fuß hat, muß etwas verbergen. Alle anderen wählen Römerlatsch. Jetzt erst recht!

Rostocker Hafenbräu galt als das genaue Gegenteil von ☞ Radeberger & Co. Man trank es nur in äußerster Verlegenheit, wenn andere Sorten partout nicht mehr am Lager waren. Und selbst dann mußte man immer an das Gerücht denken, hier sei blankes Hafenwasser als Rohstoff verwendet worden.

Rotkäppchen Es war einmal eine kleine, süße Sektsorte, die hatte jedermann lieb, der sie trank, am allerliebsten der Ostler; der wußte gar nicht, was es alles sonst noch für Sorten gab. Eines Tages aber sprachen die Volksmassen zum Sekte: »Komm Rotkäppchen, da hast du ein paar

SEIT 1856
Rotkäppchen
TROCKEN
DEUTSCHER SEKT

Westmark, mach dich auf, bevor es heiß wird, und geh hinaus in die Marktwirtschaft. Aber immer hübsch sittsam, und lauf nicht vom Wege ab, der da Umsatz heißt, sonst fällst du und zerbrichst die Flaschen.« »Ich will schon alles gut machen«, sagte Rotkäppchen, und als es losgegangen war, begegnete ihm tatsächlich die Marktwirtschaft. »Was trägst du da unter der Schürze?« fragte sie. »Prima Bilanzen, damit wollen wir uns auch in der neuen Ordnung etwas zugute tun und uns stärken.« Die Marktwirtschaft dachte bei sich: Das junge zarte Ding, das ist ein fetter Bissen, du mußt es nur listig anstellen, um ihn zu schlucken. Dem Rotkäppchen aber kam die Sache seltsam vor, und es dachte: Du mein Gott, wie ängstlich wird mir's doch zumut'. »Ei, Marktwirtschaft«, fragte es ganz verschüchtert, »was machst du für ein entsetzlich großes Maul!« Daß ich dich besser fressen kann! wollte die Marktwirtschaft gerade sagen, aber just in diesem Moment kam ihr der Ostkunde dazwischen. »Endlich finde ich dich hier«, sagte er zum Rotkäppchen, »ich habe dich lange gesucht.« Sprach's, und kaufte mehrere Millionen Flaschen. Da fiel dem Rotkäppchen ein, daß es noch zu retten sei, und zusammen mit dem Kunden war es recht vergnügt. Gemeinsam lasen sie die Bilanzen und tranken den Sekt, und das Rotkäppchen erholte sich wieder. Die Marktwirtschaft aber mußte sie wohl oder übel gewähren lassen, doch wenn sie nicht gestorben ist, knirscht sie noch heute mit den Zähnen.

Rotplompe Dieser Pudding mußte gekocht werden, was einfacher klingt, als es war. Die Tüte bestand nämlich aus so brüchigem Papier, daß schon immer die Hälfte des Pulvers herausgerieselt war, bevor die Zubereitung überhaupt losging. Dadurch stimmten die Mengenangaben nur noch im seltensten Falle, und es blieb ein reines

Glücksspiel, ob das fertige Produkt am Ende flüssig, steinhart oder eben puddingartig in die Schüssel kam. Aber wie heißt es schon bei Schiller? »Geflügelt ist das Glück und **schwer zu binden**.«

Ruhla-Uhren Wer zu spät kommt, den bestraft das Leben, wie man weiß. Und zu spät kam man in der DDR besonders oft mit der Ruhla-Uhr. Deshalb bestrafte Volkes Stimme seinerseits den Chronometer, indem es ihn mit ätzendem Spott belegte. »Ruhla-Uhren gehen nach wie vor«, lautete einer der gängigen Sprüche. »Ruhla – die schnellsten Uhren der Welt« ein anderer.

Salem kann ja alles mögliche sein, die Distriktshauptstadt von Tamil Nadu in Indien ebenso wie die Residenz eines gewissen Melchisedek aus der Bibel. Auch Salem aleikum klingt nicht übel, denn es bedeutet Friede sei mit Euch. Im Osten war Salem natürlich eine Zigarette, die es je nach Packungsfarbe in den Spielarten gelb oder rot gab. Und benannt war der Glimmstengel vielleicht sogar nach der Gemeinde Salem am Bodensee – dort gibt es ein bedeutendes Feuerwehrmuseum.

Sandmännchen Anders als Parteichef Walter U. war dies der einzige Spitzbart im Lande, von dem man sich freiwillig Sand in die Augen streuen ließ. Zuvor konnte man im Staat der jahrzehntelangen Fahrzeuganmeldungen noch darüber staunen, wie es der Junge schaffte, jeden Abend mit einem anderen Auto vorzufahren, von Schiffen und Fluggeräten ganz zu schweigen. Ein großes Plus des Sandmannes war seine Verschwiegenheit, denn er sagte kein einziges Wort. Dadurch konnte er auch politisch nicht anecken und wurde für würdig befunden, sogar in etlichen Fernsehanstalten des Westens aufzutreten. Auch über

die Wende wollte er nicht reden, so daß seine Weiterbeschäftigung gewährleistet werden konnte. Allerdings klingt **Sandmann** doch mächtig nach Tarnname, und irgendwann, wenn sie was über ihn finden, wird der Sandsack- und Geheimnisträger wohl von seiner Schutzbehauptung »Sandmann, lieber Sandmann, es ist noch nicht soweit« Abschied nehmen und auspacken müssen.

Saßnitzer Fischkonserven Eigentlich hätte die Sache wie geschmiert funktionieren müssen, denn überall steckte Öl drin: Sprotten in Öl, Sild in Öl, Dorschleber in Öl – der Inhalt einer Bohrinsel war gar nichts dagegen. Trotzdem ließen sich die kleinen Büchsen von der Insel Rügen nie öffnen, was allerdings nicht Schuld des VEB Fischverarbeitung Saßnitz war. Vielmehr wirkte hier eines der bis heute ungelösten globalen Probleme: Die Landung auf dem Mond war ein kleiner Schritt für einen Menschen, aber die Herstellung eines funktionierenden Büchsenöffners wäre ein Riesenschritt für die Menschheit. Damals suchten die

Leute wie so oft Zuflucht im Witz: Wie bekommt man die Büchse auf? Ganz einfach, man übergibt sie dem nächsten Polizisten. Der klopft auf den Deckel und ruft dabei »Deutsche Volkspolizei! Sofort aufmachen!«.

Schlager-Süßtafel Kakao – das hört sich schon an wie ein Mittelding aus KoKo und Macao, und gar nicht, als ob er in Bitterfeld wächst (was er seinerzeit auch nicht tat, aber bei den blühenden Landschaften wird's vielleicht noch). Früher war er jedenfalls knapp, und die Ost-Schokolade schmeckte immer irgendwie mehlig, weil sie mit anderen Materialien gestreckt werden mußte. Die Flüsterpropaganda behauptete gar, für Pralinen käme Erbsenmasse zum Einsatz und bei der Bitterschokolade Ochsenblut. Die Schlager-Süßtafel machte dagegen aus ihrem Inhalt kein Geheimnis, denn hier war es gelungen, sämtliche Zutaten durch Zucker zu ersetzen. Ja, das war echtes Dolce vita auf ostdeutsch!

Schwalbe nannte sich das bekannteste Exemplar aus der Vogel-Serie des DDR-Mopedbaus. Einst diente sie Forstmeistern und Gemeindeschwestern zum motorisierten Ritt durch Nacht und Tann', heute ist sie der Inbegriff eines gleichermaßen exklusiven wie schrägen Modefahrzeugs. Tja, wenn's der Kuh zu wohl wird, geht sie auf's Eis, und wenn's dem Wessi zu gut geht, quält er sich mit einem Ostprodukt.

Schwarzer Krauser Dieses Gestrüpp sah in etwa so aus wie Sauerkohl in Teersoße und diente zur Herstellung selbstgedrehter Zigaretten. Über den weiteren Verlauf der kriminellen Handlung ist nichts bekannt, da nach dem Anzünden sämtliche Zeugen fluchtartig den Tatort verließen.

Siegfried-Schnabel-Bücher standen im Regel immer ganz weit oben, damit wir als Kinder nicht rankamen. Aber **was verboten ist, das macht uns gerade scharf** schrieb schon der berühmte Sexual- und Widerstandskundler Bolf Wiermann, und deshalb wurde natürlich extra nach diesen Wälzern geangelt.
Hatten wir's doch geahnt: Auf den Seiten Mann und Frau in eindeutiger Pose! Natürlich nur mit andeutungsweisen Zeichnungen und einer Beschreibung, die so grauenhaft öde war, daß man nie auf die Idee gekommen wäre, so was würde Spaß machen. Erst im aufopferungsvollen Selbstversuch konnte später doch das Gegenteil bewiesen werden. Siegfried Schnabel aber ist ein Ehrenplatz in der ewigen Ruhmeshalle großer Spielverderber sicher.

Spee Das wichtigste daran ist der Henkel. Also nicht an der Schachtel, sondern der Genthiner Henkel. Der produziert nämlich in seiner neuen alten Waschmittelfabrik weiter das neue alte Spee.
Erstmals beglückte die Partei- und Staatsführung 1969 das Volk zum 20. DDR-Jubiläum mit dieser »Spezial-Entwicklung«. Mittlerweile ist dem Pulver diese Systemnähe ebenso ausgetrieben worden wie der Phosphatanteil, und der Durchschnittsostler kann somit endlich nicht nur seine Hände, sondern auch seine Wäsche in reiner Unschuld waschen.

Sprachlos wurde die ganze Familie, sobald Opa das gleichnamige Zigarillo in den Mund steckte. Immerhin wußte man gleich Bescheid – gefährlich, aber ehrlich. Mit solch aufklärerischen Produktnamen kommen doch die kleingedruckten Warnungen des Gesundheitsministers gar nicht mit.

Sprelacart Wo immer es im Osten etwas zu verkleiden gab, machte sich dieses plasteähnliche Material wichtig. Offenkundig gab es eine ganze Welt, die nur darauf wartete, mit ihm beschichtet zu werden: So war das Fensterbrett im Bahnabteil ebenso sprelacartgetäfelt wie der Bankschalter, die Telefonzelle oder der Ladentisch im Dorfkonsum. Das Ganze hatte etwas von Hase-und-Igel-Effekt. Man betrat einen Raum, und sofort grinste das Sprelacart los: Ich bin schon allhier. Und damit auch Zugereiste von Anfang an sahen, was sie erwartete, klebte der Stoff sogar schon außen an den Grenzkontrollbuden. Kurioserweise lagen die beiden Hauptmuster – Kreuzriffel und Holz-Imitat – miteinander in ständiger Fehde, wer denn nun der Häßlichste im ganzen Land sei, ohne zu merken, daß sie in dieser Disziplin gemeinsam erstplaziert waren. Gemeinsam sind sie heute wohl auch letztplaziert, als eines der hartnäckigsten Überbleibsel aus östlichen Zeiten. Denn während sich die DDR in Nichts auflöste, muß das Sprelacart als Sondermüll entsorgt werden.

Tempolinsen Wer den Plan erfüllen wollte, hatte nicht viel Zeit, deshalb kam die Tempolinse gerade recht. Wasser drauf, zehn Minuten gekocht – und fertig. Heute, in der Marktwirtschaft, kochen die Linsen wieder langsamer, weil die Arbeitslosen in aller Ruhe die Suppe auslöffeln können, die ihnen andere eingebrockt haben.

Timms Saurer Süße Sachen und Mixgetränke wurden immer in Modewellen konsumiert: Auf die Kaffee- und Pfefferminzliköre der fünfziger Jahre folgte der Apricot Brandy, und eines schönen Tages fiel dann noch einem Ingenieur aus Berlin das Zitronenaroma in den Wodka-Tank. Die entstandene Mischung erfreute sich sofort größter Beliebtheit und fehlte fortan als **Schlüpferstürmer** oder **Bretterknaller** auf keiner Party. Äh, auf keinem geselligen Beisammensein natürlich. Ingenieur Timm aber, der Mann, der mit Zitronen gehandelt hatte, wurde über Nacht so berühmt wie Täve Schur und Siegmund Jähn zusammen, denn was ist schon ein Geschwindigkeits- oder Höhenrausch gegen den süßen Rausch vom sauren Gesöff.

Toilettenpapier Papier ist geduldig, wie man weiß, aber das allergeduldigste Papier gab's in der DDR an dem Orte, den selbst der Generalsekretär zu Fuß aufsuchte (vorausgesetzt, es wird nicht noch ein Wandlitzer WC-Volvo entdeckt). Ausnahmsweise war ja die **Wiederverwendungvonvolkswirtschaftlichhochwertigensekundärrohstoffen** seinerzeit kein Geheimnis, also konnte man dem Toilettenpapier ruhig ansehen, daß es aus alten Kassenzetteln, Fahrscheinen, Flaschenetiketten und Schuhkartons neu zusammengepappt worden war. Die rechte intellektuelle Würze bekam es durch ein paar beigemengte Schnipsel aus Tageszeitungen, die immer gerade so

weit zerrissen waren, daß ihre erkennbaren Buchstaben keinen Sinn mehr ergaben und folglich Anregung für mancherlei Ratespiel boten. In wischtechnische Grenzbereiche stieß das Produkt wiederum durch Einschlüsse von Silberpapier aus Schokoladenverpackungen vor, da an ihnen nichts haften blieb. Ansonsten aber bestach das Toilettenpapier durch seine sagenhafte Reißfestigkeit. Ja, es war dermaßen haltbar, daß Witzbolde sogar den Slogan in Umlauf brachten: Vorwärts zur beidseitigen Nutzung des Toilettenpapiers – der Erfolg liegt auf der Hand! Nur die verwöhnten Rückseiten westlicher Geschäftemacher fanden es zu kratzig, dem Ostler schien es gerade richtig, denn rauh ist das Leben und noch viel rauher das Toilettenpapier.

Tomatenketchup aus Werder löste einst beim Ostkunden ähnliche Reflexe aus wie die rote Lampe bei Pawlows Hunden im Zwinger. Nicht daß der Käufer mit dem Schwanz wedelte, aber sobald irgendwo ein paar Flaschen herumstanden, wurde er auffallend unruhig (Hechelatmung, nervöses Zittern der Hinterläufe). Wenn ihm schließlich der richtige Moment gekommen schien, packte er mit einem einzigen energischen Fanggriff so viel Werder-Ketchup wie er nur irgend tragen konnte, und hielt gleichzeitig durch heftiges Schubsen andere Futterkonkurrenten des Rudels fern. Nach erfolgreicher Hatz schleppte er dann ohne weitere Verzögerung die Beute in seinen Bau. Gern legte er dort größere Vorräte davon an, welche er mit Vorliebe in entlegene unterirdische Teile seiner Wohnstatt verbrachte, die vom Fachmann Keller genannt werden.
Der Hintergrund dieses denkwürdigen Verhaltens gibt Zoologen noch immer Rätsel auf, denn einerseits konnte der Kunde die riesigen Mengen des Nahrungsmittels nie selbst aufbrauchen, andererseits eigneten sie sich auch in keinster Weise als Tauschobjekt. Experten tendieren deshalb zu der Ansicht, daß sich hier eventuell ein Herdentrieb verselbständigt haben könnte. Genauere Aufschlüsse sind jedoch leider zu diesem äußerst interessanten Forschungsgegenstand nicht mehr zu erwarten, da der Ost-Kunde als Objekt der Untersuchung sein Verhalten

auf Grund veränderter Umweltbedingungen grundlegend gewandelt hat.

Trabant hieß das vermutlich längste Ostprodukt der Welt, womit beileibe nicht die Maße der Rennpappe gemeint sind, sondern die Umstände ihres Gebrauchs: Zuerst wartete man locker sechzehn Jahre lang, bis man den Asphaltpickel bekam; gleichzeitig durchlief man eine der längsten Sparphasen, die der Autokauf international kennt. Nach dem Erwerb begann dann ein extrem langes Autoleben, denn der Sachsenporsche wurde kaum jemals verschrottet. Statt dessen hauchten ihm aufwendig beschaffte Ersatzteile immer frischen Atem ein. Dafür mußte er allerdings wieder jedesmal lange auf einen Werkstattermin warten. Und länger als die Liste ständiger Pannen war höchstens noch die Rauchfahne des kleinen Stinkers. Aber wer da nun meint, lang, lang ist's her, der irrt. Abgasstark und leistungsarm – so knattert der Zwickauer Flüchtlingskoffer weiter durch die Lande, je länger je lieber.

Tüff Sieht heutzutage aus wie ein Schreibfehler. Eingeweihte wissen aber noch, daß es ein technisch wenig bis gar nicht überwachtes Rasierwasser war. Als Lebensretter spielte das Gebräu trotzdem eine bedeutende Rolle, denn es desinfizierte die schlimmsten Wunden, die die ☞ Nelson-Rasierklinge im Antlitz der Werktätigen hinterlassen hatte.

Unkraut-Ex entpuppte sich erst recht spät als der Stoff, aus dem die Krebse sind. Normalerweise wurde im Garten und auf dem Feld ja drauflosgepulvert, was das Zeug hielt, und Beimengungen wie Lindan hörten sich höchstens an, als sei von *He, kleine Linda* die Rede. Andererseits: Wer Espenhain und Lauchhammer ausgehalten hatte, den schmiß auch Unkraut-Ex nicht mehr um.

Veritas heißt Wahrheit und soll eigentlich im Wein liegen. Aber die wahre Wahrheit lag in Wittenberge und war eine Nähmaschine. Trotzdem bedeutete der Satz *In Vino Veritas* nicht etwa *Im Wein ist Nähmaschinenöl*, selbst wenn gewisse volkseigene Mischgetränke diese Vermutung nahelegen.

Vipa Sage niemand, im Osten wurde bloß gekübelt. Nein, man konnte auch ganz kultiviert nippen, und zwar an dem weinhaltigen Getränk Vipa. Ein Fünftel davon war Vino, beim Rest handelte es sich um eine nicht näher definierte perlende Flüssigkeit. Nachdem sie zum Ende der DDR schon so gut wie ausgesprudelt hatte, ist die Vipa jetzt ebenso überschäumend wie -raschend von den Scheintoten auferstanden.

Vita Cola kam als erster Versuch einer braunen Brause in die ☞ Kaufhalle. Offenbar in partnerschaftlicher Zusammenarbeit mit einer Fabrik für Büroleim entwickelt, lähmte sie erst die Geschmacksnerven und dann auch noch die Zunge, so daß sich niemand mehr beschweren konnte.

Wartburg Ganz so volkstümlich wie der Trabi wurde er nicht, denn er protzte auch ein bißchen rum mit seinen drei Zylindern, vier Türen und 25 Sachen mehr auf der Überholspur. Eine echte Ost-Nummer blieb er trotzdem, denn auch er konnte das typisch Schwere und Vierschrötige nicht verhehlen, an dem man Ostprodukte oft schon von weitem erkannte. Selbst wenn sie zitrusgelb oder biberbraun angestrichen waren.

WM 66 Sehr geehrter Kunde, wir beglückwünschen Sie zum Erwerb unserer modernen Bottichwaschmaschine WM 66 und wünschen Ihnen recht lange Freude an Ihrem neuen Helfer im Haushalt. Damit Sie die gewonnene Arbeitserleichterung auch richtig nutzen können, möchten wir Ihnen im folgenden einige Hinweise zum richtigen Gebrauch der WM 66 geben.

1.) Vor Beginn des Waschvorgangs öffnen Sie den Deckel und füllen etwa 6 bis 8 Eimer Wasser in den Bottich. Die eingebaute Heizwendel wird es nun innerhalb der nächsten Stunde auf 60 °C erwärmen. Zeit, ein gutes Buch zu lesen oder die beliebten Kuba-Orangen einzukaufen! Danach geben Sie die Wäsche und das Waschpulver hinzu und drehen den Zeitschalter auf 20 Minuten. Der Motor setzt jetzt das **Wellrad** in Bewegung. Es soll den Inhalt des Bottichs schön durchquirlen und springt meist erst nach drei Minuten von der Antriebswelle ab. Damit tritt automatisch eine betriebsbedingte Pause im Wäscheprogramm ein.

2.) Lassen Sie das Wasser im Bottich etwas abkühlen; für verbrannte Hände wegen verfrühten Hineinfassens können wir leider keine Haftung übernehmen. Vielleicht genießen Sie die willkommene Unterbrechung bei einem anregenden Gespräch im Kreise Ihrer Lieben. Doch aufgepaßt, bereits nach einer halben Stunde dürfen Sie gefahrlos zwischen der Wäsche nach dem Wellrad tasten und es wieder auf die Welle schieben. Sodann wird nochmals 20 Minuten lang hochgeheizt, und der zweite Waschgang kann beginnen.

3.) Bei sachgemäßer Handhabung läuft der Prozeß nun ohne weitere Zwischenfälle ab, andernfalls wiederholen Sie einfach Punkt 2.) Zu guter Letzt entfernen Sie das Wasser durch den rückwärtigen Gummischlauch (vorher Kugelverschluß öffnen).

4.) Falls nötig, füllen Sie nun noch 6 bis 8 Eimer Spülwasser in den Bottich, natürlich nie, ohne zuvor den festen Sitz des Wellrades überprüft und den hinteren Gummischlauch wieder eingehängt zu haben. Sodann wird 20 Minuten lang gespült, anschließend das Wasser abgelassen, zum Schluß die Wäsche entnommen. Und wieder ist ein schöner Tag wie im Fluge vergangen! Daß Ihnen recht viele solcher Erlebnisse mit Ihrer WM 66 vergönnt sein mögen, wünscht Ihnen Ihr Waschmaschinenwerk – Betrieb der ausgezeichneten Qualitätsarbeit.

Wofasept Alle, die sich immer gewundert haben, warum es im Osten so komisch riecht, sollten sich diesen Namen merken. Wofasept hieß jenes universelle Desinfektionsmittel, das von der Geburtenstation bis zur Aussegnungshalle universelle Anwendung fand.

Wurzener Kekse Wie unser Polizeireporter soeben meldet, hat sich der von gewissen Scherzkeksen geäußerte Verdacht **nicht** bestätigt, wonach das verheerende Feuer in der Wurzener Backwarenfabrik mit finsteren Machenschaften der Konkurrenz zusammenhängen soll. Auch die Firma Brandt-Zwieback steht in keinerlei Zusammenhang mit den Ereignissen.

Yvette Intim So ungeheuer weit spannte sich der Bogen großer Ostprodukte, daß selbst unter Ypsilon noch was vorkam. Die intime Yvette war übrigens keine Dame für bestimmte Stunden, sondern ein Reinigungsdeo für bestimmte Stellen.

Zekiwa Wenn seinerzeit auch nicht jeder Ostmensch ein Auto abkriegte – einen **Ze**itzer **Ki**nder**wa**gen, denn nichts anderes bedeutete Zekiwa, hatte er bestimmt mal gehabt. In Anbetracht der aktuellen Unfallzahlen in den neuen Ländern sollte die Wiedereinführung dieser Verkehrsform ernstlich erwogen werden.

Ziphona Aus Zittau stammten Plattenspieler und Radiokomponenten der besonders wuchtigen Art. Ein paar Teile davon waren ganz leistungsfähig, aber die meisten warteten mit den klassischen Merkmalen ihrer DDR-Heimat auf: grobschlächtig, schwer zu handhaben, irgendwie altmodisch – und manchmal doch auf eine sehr persönliche, ganz und gar unerklärliche Weise gehaßliebt.

Freude am Einkauf

Econ Taschenbuch

Stanley Johnson
Der Commissioner
Das Buch zum Film
336 Seiten
TB 27511-9
Deutsche Erstausgabe

Der konservative britische Abgeordnete James Morton scheint nach dem Wahlsieg der Labour Party am Ende seiner politischen Karriere. Notgedrungen nimmt er daher das ungeliebte Amt des Industriekommissars in Brüssel an. Als er der Fusion zweier europäischer Industriegiganten zustimmen soll, erreicht ihn eine anonyme Denkschrift, in der der illegale, in einigen Fällen sogar mörderische Umgang der Konzerne mit verbotenen Pestiziden angeprangert wird. Morton verweigert seine Zustimmung und gerät in einen Strudel von Intrigen.
Der brisante Stoff von Stanley Johnson wurde unter dem niederländischen Regisseur George Sluizer verfilmt. Die Hauptrollen besetzen Armin Mueller-Stahl, John Hurt sowie die Spanierin Rosana Pastor.

Econ Taschenbuch

James Patterson

… denn zum Küssen sind sie da

Thriller

352 Seiten

TB 27383-3

Den abgebrühten Detektiv und Psychologen Alex Cross kann eigentlich nichts mehr erschüttern. Doch das ändert sich schneller als ihm lieb ist: Ausgesprochen hübsche Frauen sind die Opfer eines gemeingefährlichen Serientäters, der seinen Opfern erst eine betäubende Injektion gibt, bevor er sie vergewaltigt und tötet. Nur die Medizinstudentin Kate kann sich in letzter Minute aus seinen Klauen befreien. Für Alex Cross beginnt ein Wettlauf mit der Zeit, denn plötzlich verschwindet auch seine Nichte …

Ein Thriller der Extraklasse für Leser mit starken Nerven. Jetzt aufwendig verfilmt mit Morgan Freeman als Alex Cross.

Econ Taschenbuch

Elizabeth Peters

Kreuzfahrt ins Ungewisse

Roman

408 Seiten

TB 27226-8

Deutsche Erstausgabe

Vicky Bliss, stellvertretende Direktorin am Bayerischen Nationalmuseum, wird mit einem ungewöhnlichen Auftrag betraut. Ein alter Bekannter der Münchner Polizei bittet sie um Hilfe bei der Überführung eines Kunstdiebes. Der Mann, dessen Identität unbekannt ist, soll an einer Kreuzfahrt auf dem Nil teilnehmen. Ohne zu zögern, macht sich Vicky Bliss zu der Traumreise nach Ägypten auf. Doch schon bald ahnt sie, daß sie sich auf ein höchst gefährliches Abenteuer eingelassen hat. Ein Mitglied der Schiffscrew wird brutal ermordet, und der Mann, den die Polizei verdächtigt, scheint ein berühmt-berüchtigter Meisterdieb zu sein – mit dem Vicky vor langer Zeit einmal eine Affäre hatte.

010

Econ Taschenbuch

Berndt Schulz

Mr. Bean und der Unsinn des Lebens

176 Seiten, mit zahlreichen Abbildungen

TB 26472-9

Originalausgabe

Er ist konservativ, unverschämt, peinlich und hat keine Manieren, und doch wird er von jedermann geliebt: Rowan Atkinson, besser bekannt als der unschlagbare Mr. Bean. Mit seiner einzigartigen Komik und seinem unvergleichlichen Charme hat das Knautschgesicht bereits Millionen von Zuschauern zu Tränen gerührt – vor Lachen natürlich. Wer kennt ihn nicht, den passionierten Mini-Fahrer mit dem untrüglichen Instinkt für Fettnäpfchen?
Berndt Schulz erzählt die Geschichte des wahren Mr. Bean, alles über seine Stärken und natürlich seine Schwächen, die schönsten Sketche und was man sonst noch über den Kult-Kauz und liebsten Trottel der Deutschen wissen sollte. Außerdem viele urkomische Fotos mit dem unvergleichlichen Bean-Gesicht.

001